LA CHIROLOGIE

VOTRE DESTIN DANS LES LIGNES DE VOTRE MAIN

**Catalogage avant publication de Bibliothèque et Archives natio.
Québec et Bibliothèque et Archives Canada**

Savard, Claire
La chirologie : votre destin dans les lignes de votre main
(Collection Divinaction)
Comprend des références bibliographiques.
ISBN 978-2-89436-554-0
1. Chirologie. I. Titre.
BF922.S28 2014 133.6 C2014-941556-7

Nous reconnaissons l'aide financière du gouvernement du Canada par l'entremise du Fonds du livre du Canada (FLC) pour nos activités d'édition.

Nous remercions la Société de développement des entreprises culturelles du Québec (SODEC) pour son appui à notre programme de publication.

Gouvernement du Québec – Programme de crédit d'impôt pour l'édition de livres – Gestion SODEC.

Infographie de la couverture : Marjorie Patry
Mise en pages : Josée Larrivée
Révision linguistique : Amélie Lapierre
Correction d'épreuves : Michèle Blais

Éditeur : Les Éditions Le Dauphin Blanc inc.
Complexe Lebourgneuf, bureau 125
825, boulevard Lebourgneuf
Québec (Québec) G2J 0B9 CANADA
Tél. : 418 845-4045 Téléc. : 418 845-1933
Courriel : info@dauphinblanc.com
Site web : www.dauphinblanc.com

ISBN version papier : 978-2-89436-554-0
ISBN version numérique epdf : 978-2-89436-555-7
ISBN version numérique epub : 978-2-89436-556-4
ISBN version numérique mobi : 978-2-89436-557-1

Dépôt légal : 3e trimestre 2014
Bibliothèque nationale du Québec
Bibliothèque et Archives Canada
Données de catalogage disponibles auprès de Bibliothèque et Archives nationales du Québec.

Imprimé au Canada

Limites de responsabilité

L'auteure et la maison d'édition ne revendiquent ni ne garantissent l'exactitude, le caractère applicable et approprié ou l'exhaustivité du contenu de ce programme. Elles déclinent toute responsabilité, expresse ou implicite, quelle qu'elle soit.

Claire Savard

LA CHIROLOGIE

VOTRE DESTIN DANS LES LIGNES DE VOTRE MAIN

Collection Divin*action*

Le Dauphin Blanc

De la même auteure aux Éditions Le Dauphin Blanc dans la collection Divin*action* :

La numérologie, *Le code secret de votre nom*, 2014.

La numérologie, *Le message caché de votre date de naissance*, 2014.

La numérologie, *Les prévisions de vos cycles personnels*, 2014.

Je dédie ce livre à Martin pour son soutien moral
et son aide précieuse en informatique.

TABLE DES MATIÈRES

AVANT-PROPOS

La chirologie est une science qui permet de déchiffrer votre caractère (chirognomonie) et d'interpréter les événements inscrits dans les lignes de votre main (chiromancie). L'étude de la forme de vos doigts, de vos monts et de votre paume révèle votre véritable personnalité. L'étude des lignes de votre main vous permet d'avoir un aperçu de votre avenir probable. La main est un résumé des événements marquants de votre vie.

Il est possible qu'un fait vécu n'apparaisse plus dans votre main si cette expérience est réglée pour vous, car certains événements peuvent s'effacer avec le temps. Si un signe est présent dans votre main, cela signifie que vous en êtes encore affecté. De plus, c'est toujours votre propre perception d'un événement qui est inscrite dans votre main et celle-ci varie d'une personne à l'autre. Par exemple, un changement de travail peut être vécu comme un événement difficile pour une personne anxieuse et comme un défi intéressant pour une personne ambitieuse.

L'étude de la main fournit un ensemble d'informations qu'il faut rassembler pour leur donner une cohérence afin d'obtenir une interprétation juste et logique. On commence par avoir une impression générale de la main (tempérament, élément, type planétaire, etc.) et ensuite on étudie les lignes et les signes. On doit surtout se concentrer sur les signes qui apparaissent clairement et qui sortent de l'ordinaire, car cela représente un trait distinctif de votre personnalité.

Une même ligne peut être interprétée à plusieurs niveaux et doit être comparée à l'ensemble des autres signes dans la main. Par exemple, deux individus peuvent avoir une ligne de Tête déficiente, mais l'un d'eux aura un pouce fort et ceci viendra compenser cette faiblesse. D'un individu à l'autre, une même marque dans la main peut donc avoir une interprétation différente lorsque l'on considère la main entière.

La lecture de la main n'est pas de la voyance, mais le fait de toucher une personne permet de sentir ses vibrations. L'intuition permet aussi d'aller plus loin dans les détails pour calculer les âges, par exemple, mais elle n'est pas essentielle. Il suffit de travailler par déductions logiques, d'étudier le présent inscrit dans la main pour avoir un aperçu de l'avenir probable.

Par exemple, quand nous découvrons dans la main d'une personne une bonne intelligence, une forte volonté et de la vitalité, il y a beaucoup de probabilités pour que cette personne réussisse dans la vie, d'où l'importance d'étudier le caractère d'une personne avant d'interpréter les événements de sa vie.

Ce ne sont pas des prédictions, car les signes inscrits dans la main peuvent se modifier ou même s'effacer. La main est l'étude du lien entre le corps et l'esprit et le reflet des habitudes mentales et des comportements d'une personne. Il est donc préférable d'attendre à l'âge adulte si l'on veut voir les conséquences de ses choix personnels et de ses décisions dans la main dominante.

Prenez donc votre avenir en main !

INTRODUCTION

Prédestination ou libre arbitre ?

Est-ce le hasard, la Destinée ou le libre arbitre qui préside à nos vies ? Einstein pensait que le hasard était une illusion et il a dit que « Dieu ne joue pas aux dés ». En prédisant l'évolution d'un phénomène à partir de ses conséquences, le déterminisme contredit aussi les thèmes sur le hasard.

Tout ce qui se passe dans notre vie est la conséquence de l'événement précédent, dans cette vie-ci ou dans une autre, et la cause de l'événement suivant. Par la connaissance du présent, tout peut être calculé et le futur peut donc être anticipé. La loi de la causalité s'applique aussi dans notre vie et cela se reflète dans les lignes de nos mains.

Cependant, les physiciens quantiques affirment que, dans le monde de l'atome, il n'y a pas de déterminisme rigide. Je crois donc à une certaine prédestination, mais également au libre arbitre. En effet, le Destin détermine le cours de la vie d'une personne et ses chances de réussite, mais elle a également son libre choix. Dès que l'on prend conscience de son Destin, on en devient le maître, car on peut le changer. Si on ne le connaît pas, on adopte toujours les mêmes comportements et notre Destin s'accomplira, en bien ou en mal.

Notre Destin est tracé dans nos mains. Cependant, je crois que seules les grandes lignes de notre vie sont prédéterminées, par exemple nos relations amoureuses importantes, nos dons, mais nous avons le choix des détails. Nous avons choisi notre incarnation avec des événements majeurs qui se produiront inévitablement pour nous faire évoluer, alors que la plupart des autres seront le résultat de notre libre arbitre.

Si nous pouvons en apprendre assez sur les causes (théorie du déterminisme) révélées dans notre main passive, nous pouvons alors agir sur le futur (théorie du libre arbitre) par notre pensée et notre volonté. L'esprit agit sur la matière. Il n'y a donc pas de fatalité absolue, car **si un événement négatif est marqué dans la main, c'est pour nous prévenir, et nous pouvons l'éviter.** Autrement dit, il n'existe que des probabilités, même pour les événements positifs.

Une personne née sous une bonne étoile peut passer à côté de sa chance et gaspiller ses talents en perdant son temps ou en faisant des excès. À l'inverse, une autre personne qui n'est dotée d'aucun don particulier ou signe de chance dans ses mains pourra néanmoins mener une vie intéressante et se rendre loin, si elle fait des efforts conscients et de bons choix.

Il vous suffit donc de tirer avantage du positif inscrit dans la main de la Destinée et d'atténuer ou d'éviter le négatif en utilisant votre libre arbitre. Par exemple, si une aptitude est très forte dans vos mains et que vous travaillez dans ce domaine, votre réussite sera plus facile et plus rapide. Si vous choisissez, au contraire, une profession où vous avez peu de talents, vous ferez face à des obstacles et à moins de succès.

MODIFICATION DES LIGNES

Il n'y a pas deux mains pareilles, même dans le cas de jumeaux. La formation des lignes dans la main coïncide avec le début du développement du cerveau. En effet, la paume de la main contient beaucoup de terminaisons nerveuses qui sont directement reliées au cerveau. La portion du cerveau dévolue aux mains et aux doigts est quatorze fois plus grande que celle du visage.

C'est en modifiant d'abord votre façon de penser que des changements s'inscriront dans votre paume, car ce sont vos ondes cérébrales qui forment vos lignes. Vos lignes de la main vont s'altérer à mesure que vous vous transformez ou que vous évoluez. En effet, ce que l'on pense, on le devient. Plus votre volonté est forte, plus votre pensée se matérialisera et vos lignes changeront alors en conséquence. En effet, les lignes de votre main peuvent s'améliorer ou se détériorer, même si elles sont tracées dès le troisième mois de la gestation. Seules les empreintes digitales sont immuables. Quand la paume de la main est brûlée, les lignes réapparaissent exactement comme elles étaient avant.

Il est donc possible de changer votre Destinée, et vos lignes se modifient positivement ou négativement selon vos choix de vie, ce qui témoigne du pouvoir de votre libre arbitre. En changeant votre présent, votre futur se modifiera. La prise de vos empreintes permet de suivre l'évolution de vos lignes au fil des ans. Plus les lignes dans vos deux mains sont différentes, plus vous avez modifié votre Destin.

Prenons l'exemple d'une personne de 30 ans qui aurait une belle ligne de Vie dans sa main passive et qui dans l'autre main aurait une période de maladie indiquée vers 50 ans. Cela signifie qu'elle détériore sa santé, car, dans la main de la Destinée (main passive), aucun signe négatif n'était inscrit vers cet âge. En faisant l'examen de la main du libre arbitre (main active), nous pouvons détecter les raisons d'une telle modification. La personne peut donc décider de se prendre en main et, en faisant les corrections jugées nécessaires, que ce soit une amélioration de son alimentation ou de son style de vie, le signe négatif pourrait s'estomper avec le temps.

Attention. Sur le plan affectif, le libre arbitre de deux personnes entre en ligne de compte et vous n'êtes pas le seul maître à bord. Vous ne pouvez pas contrôler et prévoir les réactions de votre partenaire ; vous pouvez vous changer vous-même, mais pas l'autre. Vous pouvez donc modifier plus facilement votre caractère que votre avenir amoureux. Il est également plus difficile de changer votre destin amoureux que votre carrière et votre santé, domaines où vous êtes le seul à prendre des décisions. Voilà une autre raison pour laquelle l'amour est l'un des sujets qui préoccupent le plus les gens. C'est d'ailleurs la raison pour laquelle une plus grande partie de ce livre est consacrée à la vie amoureuse (chapitre 6).

Main passive et main active

Les signes dans la main ne sont donc pas des absolus, car tout ce qui est réalisé grâce à tel ou tel don provient surtout de vos actions. Pour savoir si vous avez modifié votre Destin, il vous suffit de comparer vos deux mains. Si vous êtes droitier, votre main droite est votre main active. Si vous êtes gaucher, examinez votre main gauche, car la plupart d'entre vous ont les hémisphères cérébraux inversés.

Votre main passive reflète votre «moi» privé, votre monde intérieur. Elle fournit des informations sur vos tendances innées, souvent inconscientes. Elle correspond à votre hémisphère droit et révèle aussi votre côté intuitif et subjectif. De plus, elle indique ce à quoi vous êtes destiné. Votre main passive mettra donc en évidence un ensemble de potentialités, d'aptitudes et d'opportunités.

Votre main active est votre main dominante et c'est la face que vous présentez au monde extérieur, votre image publique. Elle correspond à votre hémisphère gauche du cerveau qui se rapporte à la logique. Votre main active permet de suivre votre évolution. Elle montre comment s'annonce votre avenir d'après la manière dont vous avez utilisé votre libre arbitre jusqu'à présent.

Les changements dans votre main passive concernent plus votre monde intérieur et intellectuel, soit vos émotions et votre caractère, tandis que ceux dans votre main active se rapportent plus aux événements extérieurs et concrets de votre vie. Chaque individu prend continuellement des décisions inconscientes qui influencent le cours de sa vie, et ce, dès le moment de sa conception. Cependant, vous devez surtout étudier votre main active, si vous avez plus de 21 ans. Les droitiers doivent donc surtout regarder leur main droite, qui est leur main dominante.

Les trois lignes principales dans la main forment une trinité ; ce sont la ligne de Vie, la ligne de Cœur et la ligne de Tête. La ligne de Vie est la première à se former dans la main et elle n'est jamais absente. Elle montre votre constitution et se rapporte au plan physique. Votre ligne de Cœur vous renseigne sur votre capacité d'aimer et se rapporte aux plans émotionnel et spirituel. Votre ligne de Tête parle de votre intellect et se rapporte au plan mental.

Une longue ligne indique que vous passez beaucoup de temps dans le domaine d'expression qui lui est propre. Par exemple, si vous avez une ligne de Tête longue et une ligne de Cœur courte, vous accordez probablement plus d'importance à votre vie intellectuelle qu'à votre vie émotionnelle ou spirituelle.

Les lignes secondaires ne sont pas toujours présentes, mais elles se transforment plus facilement que les trois lignes principales. Les plus importantes sont la ligne de Destinée, la ligne de Chance et la ligne d'Intuition. Ces trois lignes débutent habituellement dans le bas de la paume et se dirigent vers les doigts.

Chapitre 1

Poignée de main

La poignée de main est très révélatrice de la personnalité. Quand vous serrez des mains, vous devez surtout porter attention à leur souplesse, à leur fermeté, à leur chaleur, à leur humidité, à leur couleur et à leur épaisseur. Pour vous exercer à reconnaître ces caractéristiques, vous devriez comparer vos mains avec celles de votre entourage.

Dans la deuxième partie de ce chapitre, vous découvrirez votre tempérament selon la chaleur et l'humidité de vos mains.

La main souple appartient à une personne d'abord facile à vivre, capable de s'adapter, tandis que la main raide suggère une nature rigide, plus exposée aux problèmes relationnels. Plus votre main est flexible, plus votre capacité d'adaptation est grande. La main avec une paume dure ou ferme est passionnée, tandis que la main avec une paume molle est tendre.

Une paume dure, qui résiste à une pression au centre, a plus de vigueur physique qu'une paume molle.

La main froide a le cœur chaud, tandis que la main chaude a le corps chaud. En effet, la main froide prend son temps pour connaître l'autre, mais, une fois qu'elle aime, c'est pour longtemps. Quant à la main chaude, elle s'enflamme vite, mais son engouement ne dure pas nécessairement. La main qui est parfois humide a de la difficulté à maîtriser ses émotions et la main sèche a de la difficulté à contrôler ses nerfs.

La main rouge est un signe de vigueur, tandis que la main blanche est un signe de fatigue. La main avec le grain de la peau fin ou doux au toucher fait montre de douceur, tandis que la main avec une texture rugueuse agit avec plus de rudesse. Les hommes avec du poil sur les doigts sont reconnus pour leur virilité, mais non pas pour leur délicatesse. Plus votre main est épaisse, plus vous appréciez les plaisirs de la vie. La main maigre, celle dont on sent les os, préfère plutôt les activités cérébrales.

Un homme avec de grosses mains épaisses dont la texture de la peau est rugueuse et une femme avec des mains délicates, minces et douces au toucher auront donc peu d'affinités mentales et sexuelles. Si vous avez les mains chaudes et rouges et le bas de la paume développé (figure 1), vos appétits physiques sont forts. Il vous faut alors éviter les personnes aux mains maigres (figure 21), froides et blanches qui ont peu de vitalité et dont les champs d'intérêt sont plutôt intellectuels. On dit que les contraires s'attirent, mais, malheureusement, cela ne dure pas. Il est nécessaire d'avoir certains points en commun. La forme de la main en dit aussi long à ce sujet, car elle montre, entre autres, votre manière de réagir dans la vie.

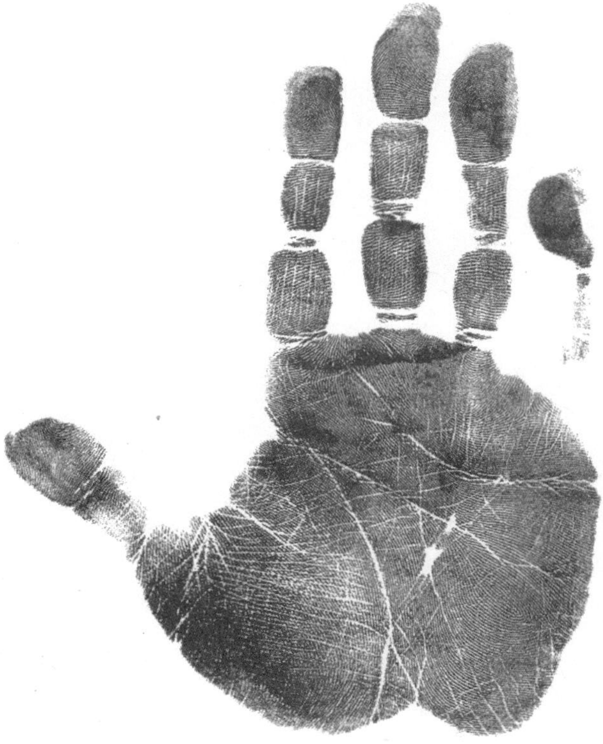

Fig. 1 : Paume spatulée

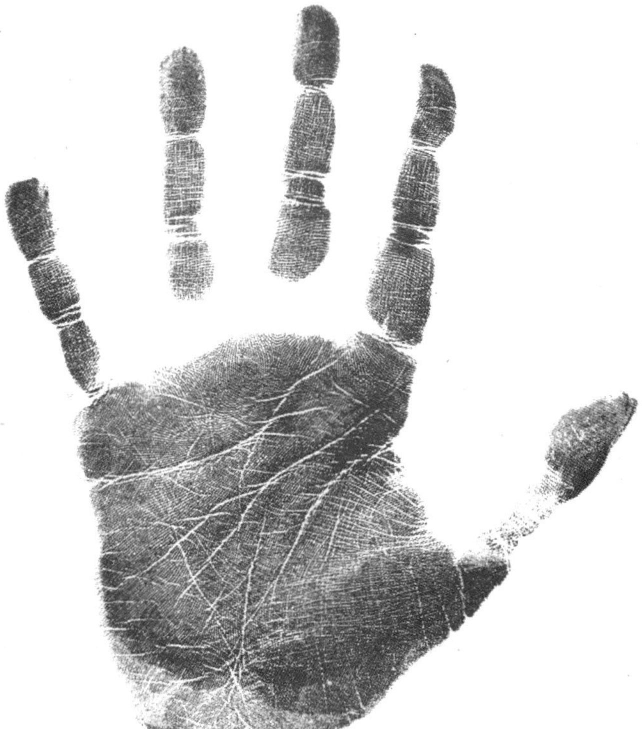

Fig. 2 : Paume spatulée

Une paume large et carrée a peu d'affinités avec une paume très étroite et rectangulaire. En effet, une paume large (figure 18) est un signe d'extraversion et une paume étroite (figure 21) est un signe d'introversion. Une paume carrée (figure 17) dont la largeur est presque égale à la hauteur dénote un esprit pratique et ordonné. Une paume rectangulaire (figure 16) dénote un esprit plus psychique et artistique.

Une paume en forme de trapèze, étroite en haut et large en bas (figure 1), est le signe d'une personne qui se dépense physiquement. Une paume en forme de trapèze renversé, plus large sur le plan des doigts (figure 2), est un signe d'activité dans le domaine mental. Les paumes spatulées ou en trapèze révèlent aussi une personne énergique et humanitaire qui peut s'entendre avec plusieurs personnes.

Tempéraments

Hippocrate distinguait quatre sortes de mains correspondant aux quatre tempéraments de base : bilieux, nerveux, lymphatique et sanguin. Pour savoir à quel tempérament vous appartenez, vous devez tenir compte de deux éléments : la chaleur et l'humidité de votre main.

1. **Bilieux** (figure 3)

Votre main doit être chaude et sèche. Elle est généralement ferme et souvent de teinte jaune. Vos doigts ont les jointures développées. Vos lignes sont nombreuses et profondes.

Vous dégagez une impression de force. Vous possédez des qualités de chef et une bonne maîtrise de vous-même, mais on ne doit pas trop vous contrecarrer. En effet, vous manquez

Fig. 3 : Bilieux

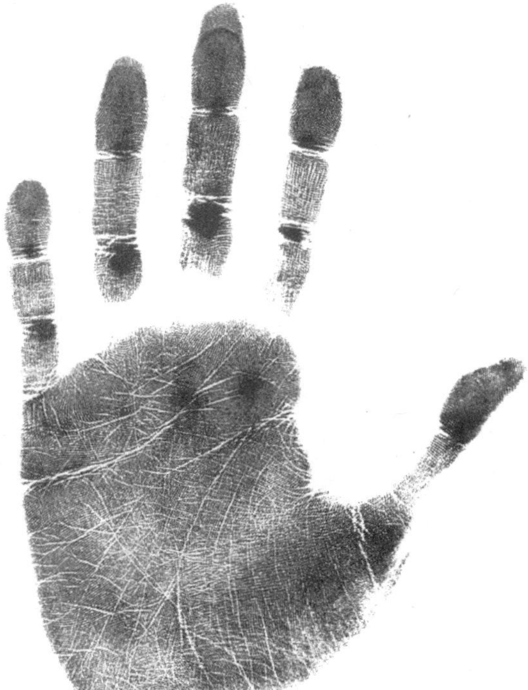

Fig. 4 : Nerveux

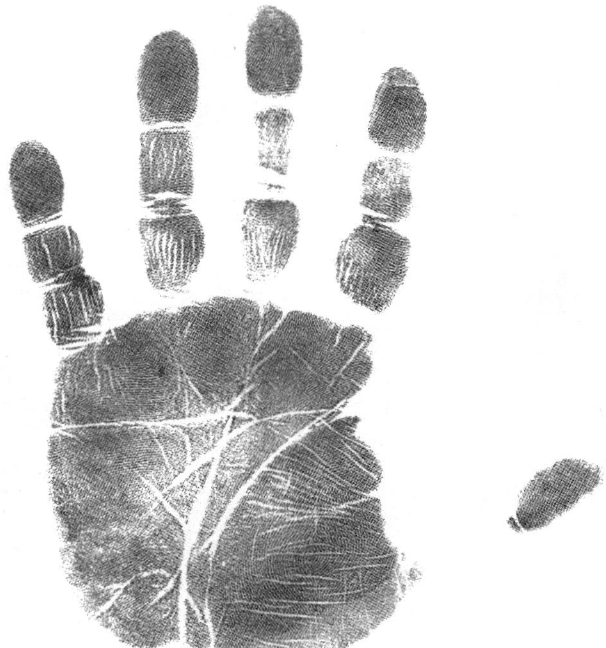

Fig. 5 : Lymphatique

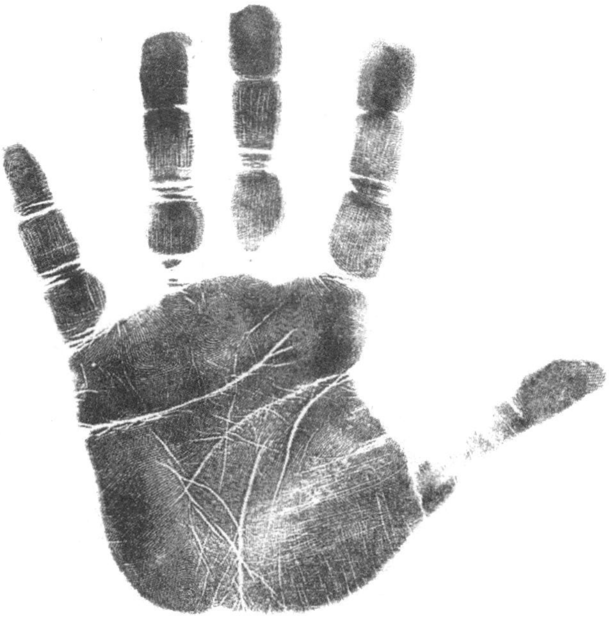

Fig. 6 : Sanguin

parfois de compassion pour les autres. Vous travaillez avec rapidité et les difficultés vous stimulent. Vous avez une nature ambitieuse et orgueilleuse. Vous laissez peu paraître vos sentiments, qui sont intenses. Attention, vos exigences sexuelles vous rendent vulnérable aux passions amoureuses. Même si vous êtes entreprenant, vous avez un comportement affectif stable.

Le foie est votre point faible, et attention au surmenage ! Votre système osseux est aussi à surveiller.

2. Nerveux (figure 4)

Votre main doit être froide et sèche. Elle est généralement mince. Vos doigts sont aussi assez minces et ils ont les jointures développées. Vos lignes sont nombreuses, fines et pâles.

Vous possédez une bonne intuition et vous avez une nature sensible. Cependant, vous êtes facilement excitable et irritable, ce qui vous donne un comportement affectif instable. Le *flirt* peut vous attirer. Toutefois, la sexualité n'est pas votre priorité dans la vie et vous pouvez même souffrir de blocages dans ce domaine. Vous vivez votre vie amoureuse davantage en pensée qu'en action.

Vous avez parfois besoin de solitude pour recharger votre système nerveux fragile. Votre mental vous joue souvent des tours et influence votre moral. Vous êtes donc sujet à des troubles psychosomatiques.

3. **Lymphatique** (figure 5)

Votre main doit être froide et humide. Elle est généralement épaisse, molle et pâle. Vos doigts n'ont pas les jointures développées. Vos lignes sont peu nombreuses et larges.

La pondération, la douceur et la patience vous caractérisent. Vous n'êtes pas facilement perturbé. L'effort tant intellectuel que physique ne vous tente guère. Vous êtes méthodique, mais souvent hésitant. En amour, vous êtes peu démonstratif. Même si vous êtes plutôt passif, votre comportement affectif est stable. Vous recherchez la stabilité et la tranquillité. Vive la routine !

Les bronches et les glandes sont vos points faibles. Vous manquez souvent d'énergie. Votre système digestif peut faire des siennes si vous faites des abus dans la nourriture.

Ne tombez pas non plus dans les paradis artificiels tels l'alcool et la drogue !

4. **Sanguin** (figure 6)

Votre main doit être chaude et humide. Elle est généralement large, épaisse, ferme et rouge ou rose. Vos doigts sont assez courts et ils n'ont pas les jointures développées. Vos lignes sont peu nombreuses et profondes.

Vous êtes expansif et dynamique. Vous avez beaucoup d'énergie à dépenser. On vous apprécie pour votre nature chaleureuse et votre sociabilité. Vous fuyez la solitude. En amour, vous avez tendance aux effusions et la jalousie peut vous tourmenter. Il vous arrive de perdre le contrôle de vos émotions, ce qui vous donne un comportement affectif instable.

Vous êtes gouverné par des besoins sexuels forts et vous êtes sujet aux excès dans les bonnes choses de la vie. Vous avez parfois un comportement de séducteur. Les éjaculateurs précoces se retrouvent habituellement dans cette catégorie, surtout s'ils ont les doigts courts, la phalange onglée du pouce plus courte que l'autre et une ligne de Cœur courbée.

Vous êtes sujet à des maladies qui se manifestent rapidement, comme des problèmes cardiaques, ou à des accidents. Votre système respiratoire est aussi à surveiller.

Compatibilité

Les tempéraments nerveux et bilieux ont des affinités mentales. Les tempéraments lymphatiques et sanguins aiment tous les deux les bonnes choses de la vie. Le Bilieux et le Sanguin partagent un goût pour l'activité, tandis que le Nerveux et le Lymphatique sont plus passifs. Le Nerveux doit éviter son contraire, le Sanguin. Quant au Bilieux, il doit fuir le Lymphatique.

CHAPITRE 2

Doigts

Vos doigts sont des antennes. La présence d'une petite bosse sous le bout de vos doigts (figure 7) indique d'ailleurs de la sensibilité, du raffinement et un sens tactile développé.

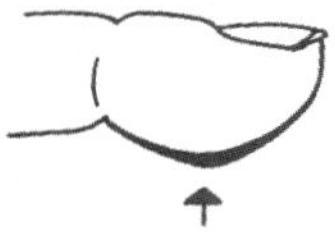

Fig. 7

Dans la deuxième partie de ce chapitre, vous découvrirez à quel élément vous appartenez, selon la forme de votre main et la longueur de vos doigts.

Chaque doigt doit être étudié en relation avec le mont qui est situé à sa base (chapitre 3). Vous pouvez également comparer la longueur de vos doigts dans chaque main. Par exemple, une personne avec un index plus long dans sa main active que dans sa main passive sera plus sûre d'elle dans sa vie professionnelle que dans sa vie privée.

Ceux qui ont les doigts épais ont un goût prononcé pour leur bien-être et ceux qui ont les doigts minces préfèrent les joies cérébrales ou spirituelles. Si vos doigts ont les jointures développées, vous avez un esprit analytique et vous avez tendance à rechercher le contrôle. Si vos doigts sont lisses, vous êtes plus spontané et vous vous laissez guider par votre inspiration. Les doigts raides sont un signe de rigidité, tandis que les doigts souples sont un signe de souplesse d'esprit.

Si tous vos doigts penchent du côté du pouce (figure 8), vous êtes capable d'exercer des activités physiques, telle une relation sexuelle, sans être réellement présent mentalement. Vous pouvez utiliser cette capacité pour éviter l'intimité et l'engagement ou vous en servir pour manipuler votre partenaire, surtout si vos doigts sont crochus. Ce penchant de tous vos doigts vers le pouce démontre aussi que vous avez besoin inconsciemment de vous appuyer sur les autres, d'être soutenu, même si vous ne voulez pas donner l'impression aux autres que vous êtes une personne dépendante. Vous évitez de prendre la responsabilité de vos actions et de vous engager. Vous avez aussi peur d'aller à l'intérieur de vous-même et de changer.

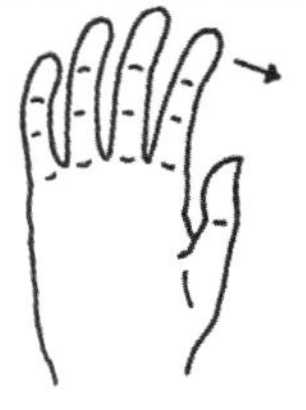
Fig. 8

LONGUEUR DES DOIGTS

Les doigts font partie de la zone intellectuelle de la main et leur longueur est fixée à la fin de la quatorzième semaine de grossesse. Pour connaître la longueur de vos doigts, vous devez d'abord trouver la longueur de votre majeur en comparant celui-ci à la largeur et à la longueur de votre paume.

Votre paume va du pli supérieur de votre poignet à la base de votre majeur. **Pour avoir la mesure exacte de la longueur de vos doigts, votre majeur doit être moyen, sinon vous devez ajuster sa longueur** en conséquence quand vous le comparez à la longueur de votre paume. Un **majeur moyen** (figure 6) équivaut généralement à la largeur de votre paume qui doit être mesurée à l'endroit où commencent votre ligne de Tête et votre ligne de Vie.

Vos doigts sont donc longs (figure 17) si votre majeur est plus long que les trois quarts de votre paume, qui est mesurée à partir de la base de celui-ci jusqu'au premier pli de votre poignet. Les doigts longs montrent de l'attention aux détails et cela est confirmé si vos doigts ont les jointures développées ou si votre main est grande par rapport à votre taille. Vous avez besoin d'avoir toutes les informations avant de prendre une décision.

Vos doigts sont courts si votre majeur n'atteint pas les trois quarts de votre paume. Les doigts courts indiquent de la rapidité de pensée ; vous préférez avoir une vue d'ensemble. Vous n'aimez pas les longues explications et vous vous faites une opinion rapidement. Si les jointures de vos doigts ne sont pas développées ou si votre main est petite par rapport à votre taille, l'impulsivité vous guette.

Vos doigts sont moyens (figure 2) si la longueur de votre majeur égale la largeur de votre paume et si sa longueur égale aussi les trois quarts de la longueur de votre paume. Un doigt de longueur moyenne signifie que vous possédez un certain équilibre dans le domaine représenté par le doigt en question.

Vous devez surtout prendre en considération les doigts qui sont très longs ou très courts par rapport aux autres doigts.

Attention, un doigt peut paraître court tout simplement à cause de sa position basse dans la main ou parce qu'il est crochu. **Vous devez donc comparer la longueur d'un doigt par rapport à un autre en les appliquant l'un sur l'autre et en les mesurant, de l'extrémité du doigt à la jointure avec la paume de la main.**

1. Majeur ou doigt de Saturne

Le majeur est le doigt de la moralité et de la fatalité. Il se rapporte à l'élément Terre, ce qui lui donne de la stabilité.

Un majeur moyen, qui équivaut à la largeur de votre paume, montre un certain équilibre intérieur, surtout s'il est droit.

Quand votre majeur est presque de la même longueur que votre index ou votre annulaire, il est considéré comme court (figure 5) et montre de l'insouciance ou de l'ambivalence et une nature peu conventionnelle.

Un majeur long dépasse l'index et l'annulaire de presque un centimètre ou d'une longueur correspondant à la moitié de sa phalange supérieure. Il indique que vous avez tendance à rechercher un sens à votre vie et que vous êtes soumis au déterminisme. Vous prenez la vie trop au sérieux et vous avez le sens du devoir. Votre besoin de sécurité est fort, surtout si votre majeur est mince. Le port d'une bague à ce doigt vient confirmer ce fait.

Vous pouvez également montrer un certain inconfort dans les relations intimes ou vous sentir souvent triste si votre majeur a une forme spatulée ou si votre mont de Saturne est élevé.

2. Auriculaire ou doigt de Mercure

L'auriculaire est le doigt de la communication et il se rapporte à l'élément Air. Il est le doigt le plus talentueux et le plus sensible de la main au toucher.

Vous devez comparer la longueur de votre **auriculaire** à celle de votre annulaire en superposant ces deux doigts à partir de leur base. Un auriculaire moyen motre du savoir-faire.

Un auriculaire long dépasse le milieu de la phalange supérieure de l'annulaire et révèle, entre autres, une habileté pour toute forme de communication que ne possède pas l'auriculaire court. Si votre annulaire est long et crochu, vous êtes capable de manipuler par la parole. L'auriculaire long montre aussi un certain talent pour organiser et faire de l'argent, surtout si vous avez des jointures développées ou un mont de Mercure élevé. Les auriculaires longs sont fréquents chez les politiciens, les hommes d'affaires, les vendeurs, les écrivains, les avocats et les enseignants.

Un auriculaire implanté trop bas (figure 9) dans la main révèle une pauvre estime de vous-même. Un auriculaire court, n'atteignant pas le milieu de la phalange supérieure de l'annulaire (figure 4), ou un auriculaire implanté bas dans la main indique de l'immaturité et une tendance inconsciente à vous appuyer sur les autres. De plus, vous avez de la difficulté à communiquer clairement. Ainsi vous pouvez manipuler votre entourage, surtout si votre auriculaire est crochu. Vous n'aimez pas non plus vous ouvrir aux autres et, à cause de cela, vous fuyez l'intimité. Vous cherchez à éviter l'engagement dans vos relations comme vous cherchez à éviter la responsabilité dans vos propos.

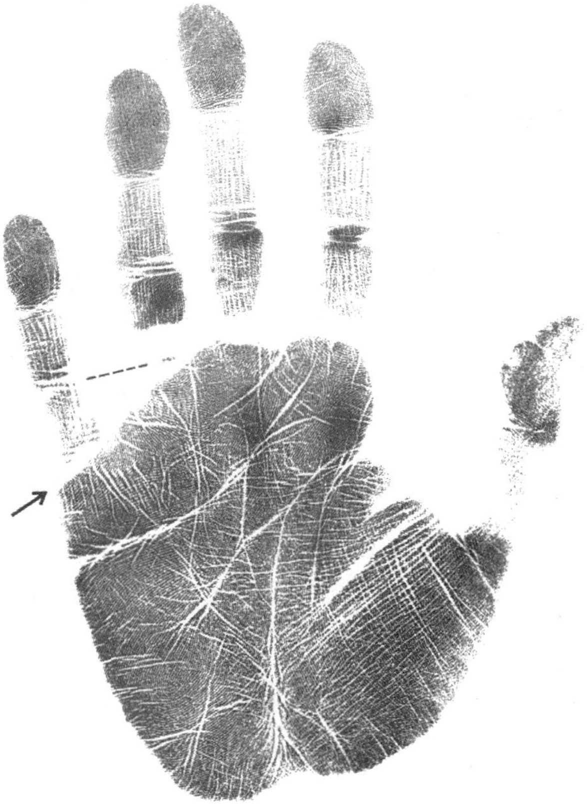

Fig. 9 : Auriculaire implanté bas

Il existe aussi chez vous de l'inhibition et une crainte de l'abandon qui peuvent être reliées à un conflit sévère avec l'un ou l'autre de vos parents, ou avec les deux à la fois, dans votre enfance. Au surplus, vous choisissez souvent un partenaire avec une attitude identique à la vôtre.

Un auriculaire trop court vous donne de l'immaturité en amour et cette attitude peut vous attirer des difficultés avec vos enfants à cause de vos réactions trop vives. Toutefois, vous dégagez une fraîcheur juvénile et vous pouvez déployer un charme attractif. De plus, grâce à votre enthousiasme, vous êtes rarement maussade ou ennuyeux.

3. Index ou doigt de Jupiter

L'index est le doigt de la compétence sociale. Il se rapporte à l'élément Eau.

Vous devez comparer la longueur de votre index à celle de votre annulaire en les appliquant l'un sur l'autre. Ces deux doigts, mesurés à partir de leur base, devraient idéalement être presque de la même longueur. Lorsqu'ils sont de longueur moyenne (figure 17), ils atteignent le milieu de la phalange supérieure de votre majeur. Un index de longueur moyenne montre que vous avez assez d'assurance pour vous présenter aux autres tel que vous êtes, sans masque.

Selon un professeur de psychologie de Grande-Bretagne, le Dr John T. Manning, la longueur de l'index et de l'annulaire se décide dans l'utérus, en fonction des niveaux de testostérone auxquels le fœtus est exposé. Il a constaté que les enfants qui avaient été moins exposés à la testostérone ont un index plus long que l'annuaire, ce qui est souvent le cas des filles.

Un index plus long que l'annulaire (figure 23) montre des compétences linguistiques et une bonne intelligence émotionnelle grâce à une bonne capacité d'empathie. Si votre index est plus long que votre annulaire et presque aussi long que votre majeur, vous avez en plus des capacités pour diriger et vous désirez être respecté, surtout s'il est épais. Les personnes qui gèrent et qui mènent ont un index très long. Vous avez aussi de l'ambition, si le mont de Jupiter situé à la base de votre index est élevé.

Plus votre index est court, plus vous manquez de confiance en vous et aux autres, ce qui vous rend moins sociable. Vous pouvez aussi avoir des difficultés à apprendre des langues.

4. Annulaire ou doigt du Soleil

L'annulaire est le doigt de la créativité. Il se rapporte à l'élément Feu.

Les hommes ont habituellement un annulaire plus long que l'index, contrairement aux femmes qui ont en moyenne un index de même longueur ou plus long que l'annulaire. Selon le Dr Manning, plus le foetus est exposé à la testostérone dans le ventre de sa mère, plus son annulaire est long. Les femmes qui ont un annulaire plus long que l'index sont, en général, plus portées à prendre des risques à cause du niveau élevé de testostérone auquel elles ont été exposées dans l'utérus, toujours selon le Dr Manning. À cause de cela, elles ont souvent les mêmes habiletés que les hommes qui aiment se faire valoir.

L'annulaire est plus long que l'index (figure 1) chez ceux qui ont des habiletés dans les domaines du raisonnement spatial utilisé par les scientifiques et les artistes. Ils sont dotés d'une bonne intelligence conceptuelle et numérique. En outre, plus l'annulaire est long par rapport à l'index, plus une personne performe mieux en mathématiques qu'en littérature. Elle excelle habituellement dans les sports et en musique, surtout si le mont du Soleil situé à la base de ce doigt est élevé.

L'annulaire étant le doigt de la séduction, les gens qui ont un annulaire long sont souvent attirés par les arts et la beauté sous toutes ses formes. Ils aiment séduire et impressionner les autres par leurs talents. Casanova avait un annulaire très long, ce qui lui donnait beaucoup de magnétisme. Ce besoin de plaire est accentué si la phalange inférieure de ce doigt est plus longue que les deux autres. Si votre annulaire est court, être reconnu n'est pas votre priorité.

5. Pouce

Le pouce est le doigt qui nous différencie des autres mammifères et il est donc le plus important de la main. Il se tient d'ailleurs à l'écart des autres doigts et il se rapporte à l'éther.

Un pouce moyen, implanté au milieu de la paume, atteint le milieu de la phalange inférieure de l'index (figure 10) quand vous le rapprochez de la main. Si votre pouce a une insertion plus basse ou plus haute, vous pouvez avoir une fausse impression de sa longueur. Vous devez alors commencer à **mesurer la longueur de votre pouce à partir du centre de votre paume**.

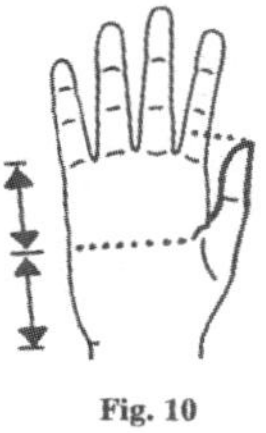

Fig. 10

La personne qui a le pouce le plus long et le plus rigide tend à être celle qui domine dans un couple. Toutefois, cela peut être faux si celle qui a le pouce le plus court possède plusieurs empreintes digitales en forme de spirales (figure 11) ou un index très long. Je n'ai pas besoin de vous dire que deux pouces longs ne font pas bon ménage !

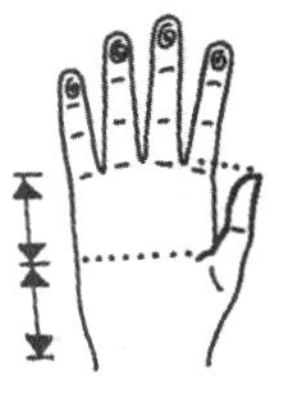
Fig. 11

Votre pouce est long (figure 4) s'il se rend jusqu'au pli entre la phalange inférieure et la phalange centrale de votre index. Vous avez alors des capacités de chef. Votre pouce est aussi considéré comme long quand il est presque de la même longueur que votre index si vous l'appliquez sur celui-ci. Les personnes qui ont des pouces courts (figure 1) sont plutôt soumises et celles qui ont des pouces moyens peuvent s'adapter à leur partenaire.

Vous aimez imposer votre volonté si la phalange supérieure de votre pouce est plus longue que sa phalange inférieure (figure 12) et surtout si elle est très large. Les personnes qui possèdent une ligne de Cœur droite désirent aussi avoir le contrôle dans une relation.

Fig. 12

Un pouce large (figure 24) indique une personnalité forte, tandis qu'un pouce délicat indique un caractère faible. Attention, un pouce dont l'extrémité est ronde et élargie (figure 13) montre plutôt un manque de contrôle émotionnel.

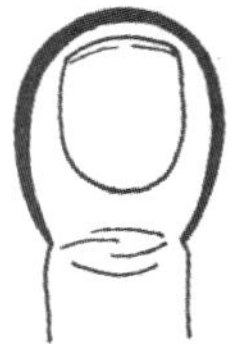
Fig. 13

La largeur idéale de l'angle entre le pouce et l'index, main à plat, est de 45 degrés (figure 14). Un angle plus petit dénote une attitude craintive, puritaine et plutôt réservée, tandis qu'un angle plus grand que 45 degrés (figure 18) dénote un esprit ouvert et fonceur.

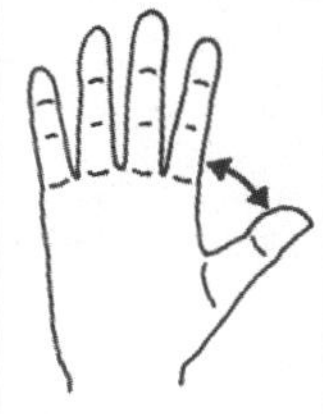
Fig. 14

Un pouce flexible à son extrémité et à sa base signifie que vous êtes peu porté à prendre la responsabilité de vos actions. Vous avez une attitude de laisser-aller et vous prenez la vie comme elle vient. Toutefois, vous avez aussi une nature affable, accommodante, car vous aimez plaire aux autres. Un pouce raide promet une meilleure stabilité et plus de constance dans vos sentiments, mais aussi un caractère plus rigide.

ÉLÉMENTS

Le Feu appartient au monde créateur, l'Eau, au monde social, l'Air, au monde abstrait, et la Terre, au monde physique. Ces quatre catégories sont basées sur la typologie du psychologue Carl G. Jung.

Il est rare de trouver des mains de type pur correspondant parfaitement à chaque description. Vous devrez donc exercer votre jugement. Vous constaterez que la plupart des gens appartiennent à l'élément Feu.

Pour déterminer l'élément auquel vous appartenez, vous devez tenir compte de deux critères : la forme de votre paume, soit carrée ou rectangulaire, et la longueur de vos doigts.

Vous mesurez votre paume à partir de la base de votre majeur jusqu'au premier pli de votre poignet.

Vos doigts sont moyens si la longueur de votre majeur égale la largeur de votre paume et si sa longueur égale aussi les trois quarts de la longueur de votre paume. Dans les autres cas, vos doigts sont courts ou longs. Si vos doigts sont moyens, prenez en considération les autres caractéristiques de votre main et de vos lignes pour trouver votre élément dominant.

1. Main Feu (figure 15)

Votre paume doit avoir la forme d'un rectangle, c'est-à-dire être plus longue que large. Vos doigts doivent être courts. Vos lignes sont probablement profondes.

Vous êtes extraverti et votre jugement et vos actions sont caractérisés par la rapidité. On peut vous trouver changeant et égoïste parfois. Vous êtes enthousiaste et énergique. De plus, vous aimez être le chef et on peut vous trouver impatient. Vous avez besoin d'espace et de défis pour être heureux.

Vous vous mariez généralement jeune et vous avez des enfants ; vous êtes le type le plus fertile. Toutefois, vous cherchez l'image idéale qui n'existe que dans votre esprit et cette attitude peut vous pousser à rompre une relation existante pour poursuivre l'objet désiré. Vous pouvez aussi manquer de sensibilité et d'égards envers votre partenaire. Vous êtes sujet aux passions physiques soudaines, et dans votre vie sexuelle, vous êtes toujours prêt à essayer de nouvelles techniques. Vous êtes excitant et excitable ; vous êtes un amoureux ardent.

Fig. 15 : Feu

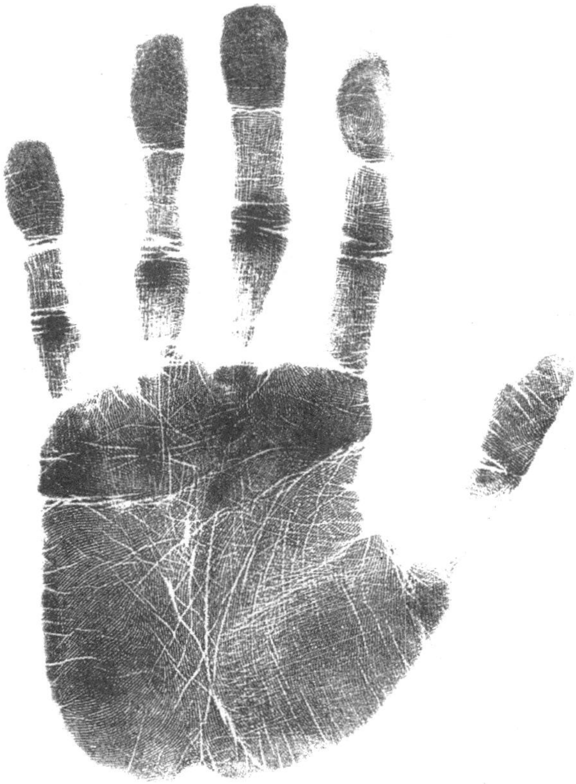

Fig. 16 : Eau

Vous vous entendez bien avec les autres types Feu, car vous vous comprenez. La passion existe entre vous deux. Étant donné que vous n'aimez pas beaucoup vous embarquer dans une relation trop structurée, vous pouvez bien vous entendre avec le type Air. Vous comprenez son besoin de liberté et l'Air vous enflamme. Au contraire, la Terre vous opprime et tempère vos ardeurs. À la longue, vous pouvez même exploser comme un volcan dans cette relation. Quant à l'Eau, vous pouvez sentir sa sentimentalité possessive comme une menace et cela vous éteint.

Vous êtes prédisposé à des problèmes aux yeux et au cœur. Vous pouvez aussi souffrir de douleurs musculaires.

2. **Main Eau** (figure 16)

Votre paume doit avoir la forme d'un rectangle, c'est-à-dire être plus longue que large. Vos doigts doivent être longs. Votre main est probablement délicate et raffinée. Vos lignes sont nombreuses et peu profondes.

Un homme avec une main Eau aura son côté féminin développé, une grande sensibilité, mais ne manifestera pas les qualités de l'Eau autant qu'une femme.

Vous êtes amoureux de l'amour et vous choisissez souvent les mauvaises personnes, car vous êtes trop idéaliste. Vous aimez protéger et être protégé. Vous pouvez même développer une certaine dépendance affective, car vous accordez une importance excessive aux sentiments. En effet, vous vous attachez facilement. Vous êtes aussi impressionnable, même si vous ne le montrez pas. Vos émotions varient selon les situations. Vous êtes réceptif et plein de compassion.

Cependant, vous pouvez manquer de sens pratique et vous avez besoin du soutien de votre entourage. Quand vous êtes marié, vous développez une grande compréhension et de l'affection pour votre conjoint et vos enfants. Vous êtes aussi fertile. Même si vous préférez l'amour et la romance, vous pouvez être actif sexuellement.

Vous recherchez la fiabilité et la sécurité et votre meilleur partenaire est l'élément Terre. En effet, vous vous sentez en sécurité avec la Terre qui est stable. Un autre type Eau peut facilement comprendre votre sensibilité; excellente combinaison. Cela crée une relation tendre et rassurante. Vous pouvez aussi être troublé par les effets bouillants du Feu. Évitez l'Air qui est trop intangible pour vous. De plus, vous n'avez pas la même sensibilité.

Vous êtes souvent sujet à de petits malaises et à de la fatigue, car vous n'êtes pas très résistant. Vous pouvez aussi être hypocondriaque, car votre moral est fragile. Le système urinaire et la langue sont vos points faibles.

3. Main Air (figure 17)

Votre paume doit avoir la forme d'un carré dont la longueur égale presque la largeur. Vos doigts doivent être longs. Votre main est probablement robuste et flexible. Vos lignes sont fines et nettes.

Vous vous mariez souvent tard, car vous avez tant à apprendre et à faire. De plus, vous êtes sélectif dans le choix de vos partenaires. Vous aimez être stimulé mentalement et une entente intellectuelle est donc importante dans vos relations amoureuses. Même si les émotions ne sont pas votre fort, vous

Fig. 17 : Air

êtes assez équilibré. Toutefois, vous êtes rarement en contact avec vos sentiments les plus profonds et, par le fait même, vous ignorez souvent ceux d'autrui. Vous pouvez donc sembler froid et distant à cause de cette difficulté à exprimer ce que vous ressentez.

On ne doit pas être trop possessif avec vous pour vous garder, car vous appréciez votre liberté. Ainsi, vous détestez les relations étouffantes et vous ne vous engagez pas facilement. Cependant, vous avez besoin de contacts humains pour échanger avec les autres. Vous n'êtes pas un amoureux très passionné, mais vous mettez de la variété dans votre vie sexuelle.

Vous vous entendez bien avec votre propre élément et avec votre complément, le Feu. Vous profitez de l'émotion du Feu qui vous attise par sa chaleur et son enthousiasme. L'Eau vous déconcertera peut-être par ses émotions, même si vous éprouvez une attirance magnétique pour cet élément. Pensez au cyclone ! Désirant la liberté, vous trouverez certainement que la Terre vous emprisonne et n'est pas assez stimulante pour vous.

Les voies respiratoires sont à surveiller. Des problèmes liés au nez et aux oreilles ainsi que des troubles neurologiques peuvent vous toucher. Vous pouvez aussi faire de l'insomnie.

4. Main Terre (figure 18)

Votre paume doit avoir la forme d'un carré dont la longueur équivaut presque à la largeur. Vos doigts doivent être courts. Votre main est probablement épaisse et ferme avec une texture rude. Vos lignes sont larges et peu nombreuses.

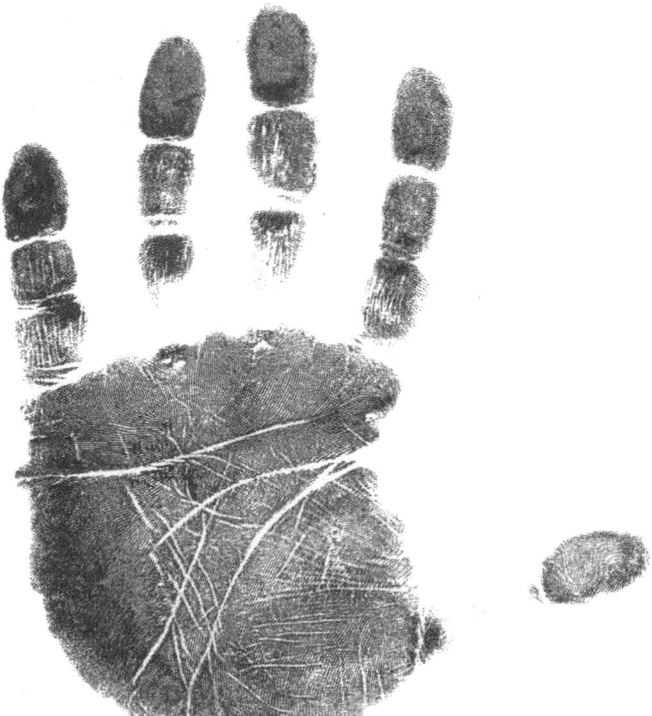

Fig. 18 : Terre

Vous avez les deux pieds sur terre ; le romantisme n'est pas votre fort. La sécurité est importante pour vous et vous recherchez une relation stable. La vie de famille vous attire et vous prenez soin des vôtres. Vous acceptez bien les responsabilités et les concessions. Une relation doit être réellement mauvaise pour que vous divorciez. En effet, vous n'aimez pas le changement. Vous avez tendance à être possessif, mais vous êtes du genre fidèle. Vous vous méfiez des êtres superficiels et de la beauté physique. Vous préférez une personne plutôt simple, pratique et fiable comme vous. Même si vous n'êtes pas des plus démonstratifs, vous avez une nature compréhensive. Sur le plan sexuel, vous êtes plutôt conservateur et traditionnel.

Vous vous entendez bien avec les autres types Terre, étant donné que vous partagez les mêmes besoins. Le type Eau, votre complément, partage votre amour de la famille. Vous apprenez aussi de la souplesse de l'Eau. Le Feu peut vous donner le piquant qui vous manque. Vous trouvez probablement l'Air superficiel et volatil.

Vous avez de la vigueur et une bonne résistance physique. Vous pouvez être sujet aux maladies congénitales. Le système digestif et les rhumatismes sont vos points faibles.

COMPATIBILITÉ

Vous devez choisir un partenaire avec un élément similaire ou complémentaire au vôtre et éviter votre opposé. Le Feu et l'Air sont plutôt extravertis, tandis que l'Eau et la Terre sont plus introvertis. Ces éléments se complètent bien. Il faut éviter votre contraire, même s'il vous attire. La Terre est l'opposé du Feu et l'Eau est l'opposé de l'Air.

CHAPITRE 3

Monts

Les monts (figure 19) sont des petites bosses, des petits amas de chair, des élévations situées sous chaque doigt, sur la percussion (le tranchant de la main) et dans le bas de la main ; ce sont des réservoirs d'énergie. Plus un mont est proéminent, plus sa concentration d'énergie est importante. Les doigts et les lignes sont reliés aux monts, en retirent de l'énergie et sont influencés par eux.

Le degré d'élévation d'un mont reflète jusqu'à quel point vous avez développé les traits de caractère ou les talents reliés à ce mont. Les monts qui sont élevés vous donnent une énergie qui vous motive. Un mont plat ou en creux signifie que l'énergie de ce mont est déficiente et que le potentiel représenté par ce mont est absent.

Les monts doivent être comparés entre eux pour savoir lequel est le plus élevé. En pliant votre main et en la plaçant à la hauteur de vos yeux, il vous sera plus facile de les évaluer.

Dans ce chapitre, vous découvrirez votre type planétaire d'après votre mont dominant.

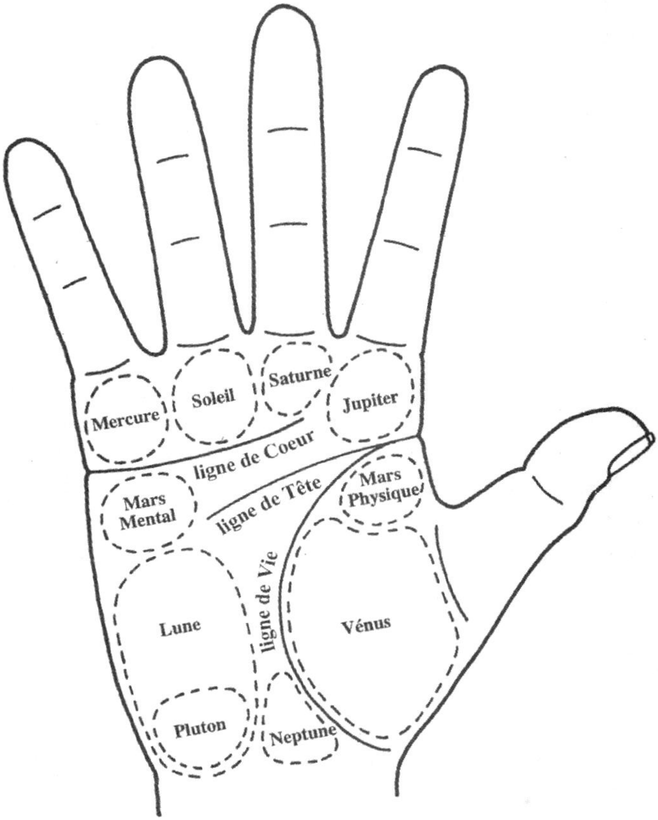

Fig. 19 : Monts

Les monts portent le même nom que les planètes en astrologie et ils ont une signification semblable. Les monts de Jupiter, de Saturne, du Soleil et de Mercure sont situés respectivement sous l'index, le majeur, l'annulaire et l'auriculaire. Les monts de Vénus et de la Lune sont situés dans le bas de la main. Le mont de Mars physique est placé entre le mont de Jupiter et le mont de Vénus, alors que le mont de Mars mental est placé entre le mont de Mercure et le mont de la Lune, sur le tranchant de la main. Le mont de Neptune, situé entre le mont de Vénus et le mont de la Lune, et le mont de Pluton, situé dans le bas du mont de la Lune, ne désignent aucun type planétaire.

TYPES PLANÉTAIRES

La symbolique astrologique permet de classer les mains suivant sept types. Pour savoir à quel type planétaire vous appartenez, vous devez d'abord trouver votre mont dominant, c'est-à-dire celui qui est le plus élevé, en pliant votre main. Le doigt correspondant à ce mont doit aussi être long. Les monts de la Lune et de Vénus n'ont pas un doigt assigné et ils sont évalués d'après leur renflement. La présence d'une ou de plusieurs lignes bien marquées sur un mont est un autre indice que vous appartenez à un type planétaire en particulier. L'apparence générale de votre main peut également vous guider.

Veuillez noter qu'un mont peut être légèrement déplacé vers son voisin. Je vous conseille de procéder par élimination pour trouver votre mont principal. Vous appartenez au type pour lequel vous avez le plus de caractéristiques. En effet, les types purs sont rares et la plupart des gens ont un mont dominant avec un ou deux monts secondaires. Vous pouvez donc lire aussi le texte se rapportant à votre deuxième type, même si ces traits de caractère sont moins forts chez vous.

Les deux types planétaires qui s'accordent bien avec plusieurs types sont le Mercurien et le Lunarien.

1. Jupitérien (figure 20)

Pour appartenir à ce type, votre mont de Jupiter situé sous votre index doit être élevé. Votre index doit être plus long que votre annulaire lorsque ces deux doigts sont mesurés à partir de leur base ou appliqués l'un sur l'autre. Vos doigts s'élargissent à leur base près de la paume ou sont potelés. Votre main est probablement assez épaisse. Votre mont de Jupiter peut être strié d'une ou plusieurs lignes.

Vous avez confiance en vous et on peut compter sur votre loyauté. Vous avez une nature sincère, juste et généreuse. Vous êtes un amateur de luxe et de confort. Vous appréciez les activités sociales et les plaisirs de la table. Vous êtes de bons compagnons et vous êtes habituellement heureux en mariage. Vous préférez un conjoint traditionnel, mais quelqu'un dont vous pouvez être fier. Même si vous avez un appétit sexuel fort et que vous aimez faire l'amour souvent, vous êtes fidèle.

Le Vénusien et le Jupitérien sont vos meilleurs partenaires. Vous trouvez probablement le Solarien trop égoïste et le Lunarien trop fantaisiste. Le Marsien est trop agressif pour vous et le Mercurien, trop raisonneur. Quant au Saturnien, il vous attire peu.

Vous êtes porté à faire des excès dans les bonnes choses de la vie. Par conséquent, votre taille et votre système digestif

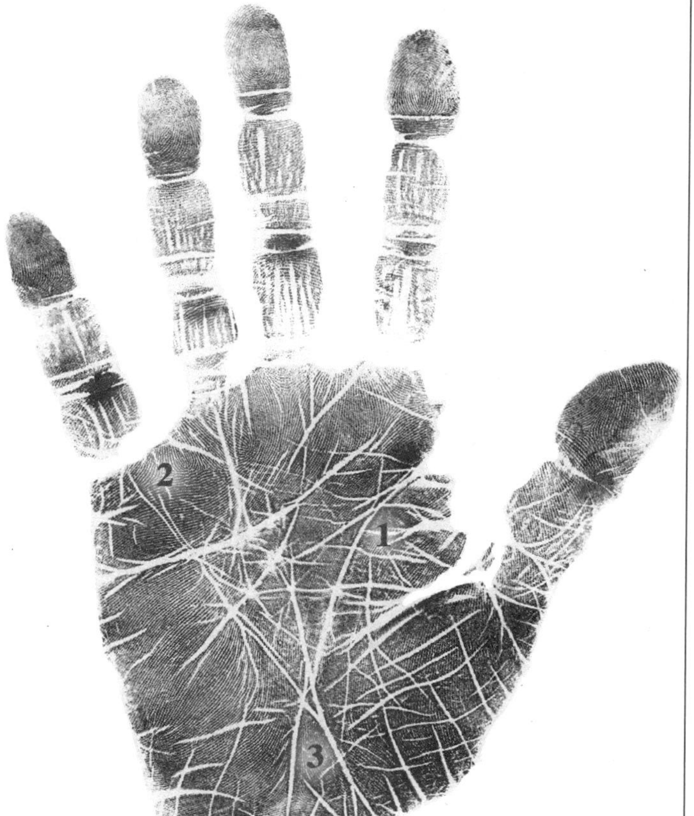

Fig. 20 : Jupitérien

peuvent en souffrir. Votre système respiratoire est fragile également. Les pieds sont une autre de vos faiblesses.

2. Saturnien (figure 21)

Pour appartenir à ce type, votre mont de Saturne situé sous votre majeur doit être aussi élevé que l'un de ses deux voisins, le mont de Jupiter et le mont du Soleil. En effet, ce mont forme habituellement un creux, et si vous remarquez une petite élévation, il est considéré comme important. Votre majeur doit être long, c'est-à-dire qu'il doit dépasser votre index et votre annulaire de presque un centimètre ou d'une longueur correspondant à la moitié de sa phalange supérieure. Vos doigts ont les jointures développées et ils peuvent pencher vers votre majeur. Votre main est probablement étroite et mince. Une ou plusieurs lignes verticales bien marquées sur ou sous votre mont de Saturne sont un autre indice.

Vous êtes sérieux et vous fuyez les frivoles. Votre moral n'est pas toujours bon, car vous accordez peu de place au plaisir dans votre vie. La sobriété en tout est votre point fort. On vous apprécie pour votre réserve et votre patience. On peut aussi compter sur votre droiture, votre sens du devoir et vos principes. Cependant, vous ne communiquez pas facilement et votre conjoint peut se sentir négligé. En réalité, vous êtes plutôt solitaire et peu prédisposé au mariage. Vous vous mariez souvent tard ou à une personne plus âgée. Vous êtes peu intéressé par la sexualité, spécialement si cela exige d'être engagé avec une autre personne.

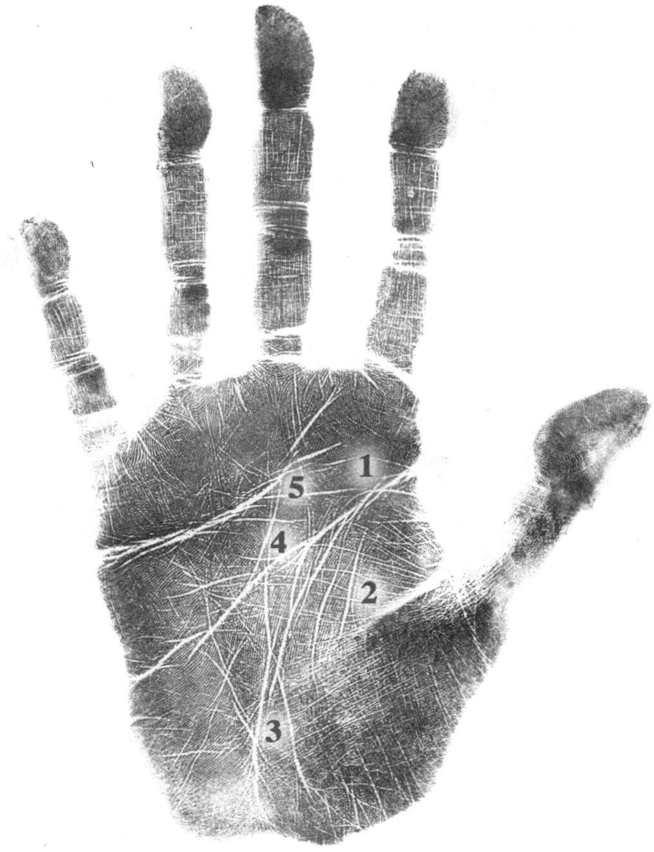

Fig. 21 : Saturnien

Vous faites souvent des erreurs en choisissant votre antithèse, tel un partenaire Jupitérien, Solarien ou Vénusien. Vos meilleurs partenaires sont le Mercurien et le Lunarien.

Sur le plan de la santé, vous vous faites de la bile facilement. Des troubles de l'appareil digestif en général peuvent vous indisposer. Vous devez surveiller aussi vos articulations, vos membres inférieurs, vos dents, vos oreilles et votre peau.

3. Solarien (figure 22)

Pour appartenir à ce type, votre mont du Soleil situé sous votre annulaire doit être plus élevé que votre mont de Saturne et égal ou plus haut que votre mont de Mercure. Votre annulaire doit être plus long que votre index lorsque ces deux doigts sont mesurés à partir de leur base ou appliqués l'un sur l'autre. Votre main a probablement une belle apparence, car c'est la mieux proportionnée de tous les types. Vous devez aussi posséder une ou plusieurs lignes verticales sur votre mont du Soleil.

Vous avez une nature optimiste et charmeuse. Vous possédez de belles manières et vous appréciez l'art. Vous êtes habituellement attirant, mais un peu superficiel. Vous avez une bonne opinion de vous-même. Vous aimez vous faire remarquer, mais vous ne faites pas les premiers pas. Vous êtes peu heureux en ménage à cause de votre idéal trop élevé. En effet, vous êtes attiré par des personnes riches, qui ont du prestige ou une belle apparence. Au lit, vous êtes créatif et vous aimez le plaisir de l'érotisme. Votre charme peut vous attirer des aventures sexuelles.

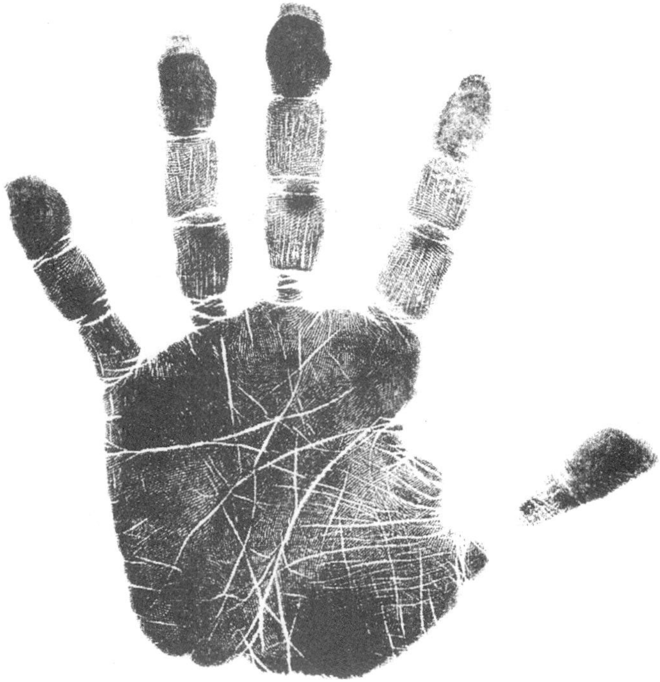

Fig. 22 : Solarien

Le Lunarien est votre complément. Vous ne vous entendez pas toujours bien avec le Mercurien et c'est pire avec le Saturnien, votre opposé. Vous partagez votre goût des belles choses avec le Vénusien. Vous pouvez avoir du plaisir dans les activités sociales avec le Jupitérien.

Vous avez habituellement une bonne santé, car vous prenez la vie du bon côté. Ce sont surtout le cœur et le dos qui sont à surveiller dans votre cas. Vous êtes également susceptible de faire de la fièvre facilement et d'avoir des problèmes aux yeux ou aux reins.

4. Mercurien (figure 23)

Pour appartenir à ce type, votre mont de Mercure situé sous votre auriculaire doit être plus élevé que votre mont du Soleil. La largeur de votre paume à la base de vos doigts est probablement plus grande qu'au poignet à cause de l'étendue de votre mont de Mercure. Votre auriculaire doit être long, c'est-à-dire qu'il doit dépasser le milieu de la phalange supérieure de votre annulaire lorsqu'il est appliqué sur celui-ci. Vos doigts sont plutôt minces. Votre paume est assez ferme. Une ligne se dirigeant vers votre mont de Mercure est habituellement présente.

Votre esprit est vif et vous êtes doué pour la communication. De plus, vous êtes doté d'intuition. Il est important pour vous d'être occupé et vos centres d'intérêt sont variés. Vous adorez les enfants et les voyages.

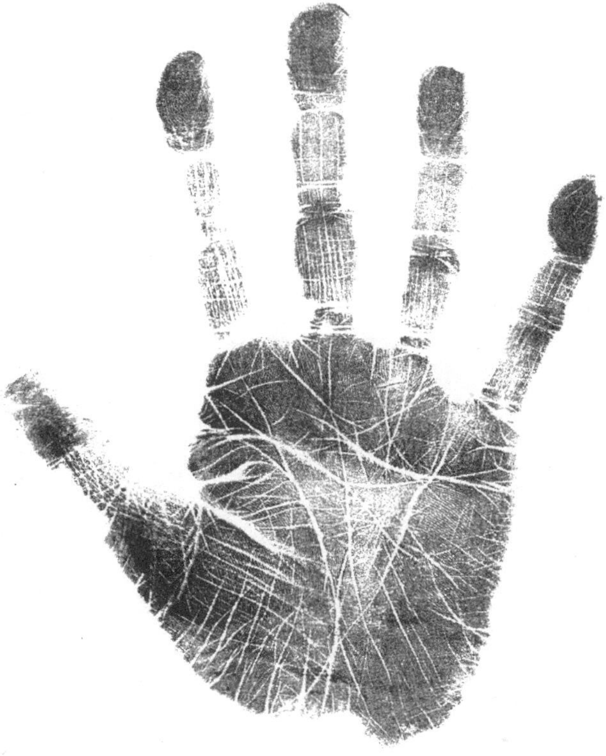

Fig. 23: Mercurien

Vous pouvez vous adapter à plusieurs types, car vous êtes le plus sociable. Cependant, vous avez besoin de liberté et vous préférez un conjoint original. Vous êtes d'ailleurs très attiré par les autres Mercuriens. Vous aimez séduire par goût de l'intrigue plus que par désir sexuel. La sexualité est un moyen de relaxation pour vous. De plus, vous êtes inventif et ouvert à de nouvelles expériences dans le domaine sexuel.

Vous avez une énergie inépuisable, mais une tendance au surmenage. Votre système nerveux fragile peut vous occasionner des troubles digestifs ou des allergies. Vous avez également une faiblesse aux membres supérieurs.

5. Marsien (figure 24)

Pour appartenir à ce type, votre mont de Mars physique doit être développé. Il est situé près de votre pouce, sous votre mont de Jupiter et il doit faire un renflement ; c'est le petit bout de chair qui plie lorsque vous bougez le pouce. Votre mont de Mars mental, que certains auteurs appellent mont d'Uranus, est situé entre votre mont de Mercure et votre mont de la Lune. Cette zone peut aussi être rembourrée ou former une courbe sur le tranchant de votre main. Votre pouce est probablement long. Votre main a une apparence assez robuste et carrée. Vos lignes sont profondes, larges et peu nombreuses.

Vous êtes courageux et vous aimez vous dépenser physiquement. Votre nature vous prédispose à être téméraire. Vous êtes plutôt fidèle, même si vous avez des appétits puissants qui vous poussent à vous marier jeune. Vous êtes très sexuel, mais vous pouvez manquer de raffinement et de douceur. Vous êtes d'ailleurs porté à contracter des unions orageuses à cause de votre tempérament jaloux, passionné et parfois violent. Défoulez-vous dans les sports.

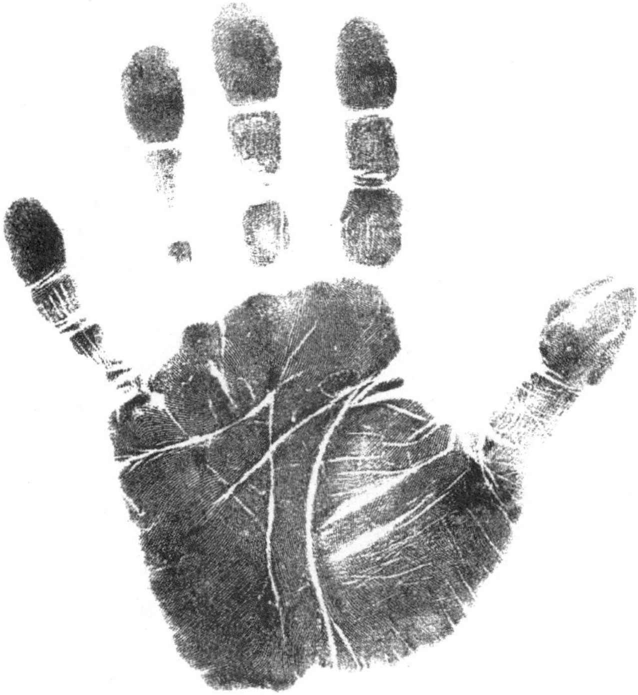

Fig. 24 : Marsien

Vous vous entendez mieux avec des partenaires soumis. Le Lunarien et le Vénusien sont donc vos compléments. Vous coopérez bien avec le Mercurien et vous admirez le Jupitérien. Le Solarien vous paraît trop prétentieux et le Saturnien trop sage.

Vous avez une bonne résistance à la maladie si vous faites attention à votre régime de vie. Cependant, vous pouvez être sujet à des blessures ou à des fractures à cause de votre impulsivité. Des troubles circulatoires peuvent vous affecter aussi. Vos bronches et votre gorge sont fragiles. De plus, les organes sexuels chez l'homme sont à surveiller.

6. Lunarien (figure 25)

Pour appartenir à ce type, votre mont de la Lune doit être large et former une courbe sur le tranchant de votre main ou être rembourré, c'est-à-dire faire un renflement au-dessus de votre poignet ou descendre plus bas que votre mont de Vénus. Aucun doigt ne correspond à ce mont, mais la présence de plusieurs lignes sur votre mont de la Lune confirme votre appartenance à ce type. Votre main est probablement délicate. Vos lignes sont fines et nombreuses.

On peut vous trouver changeant à cause de votre grande sensibilité. Vous avez un tempérament doux, passif, rêveur et maternel. Vous êtes peu enclin au mariage et peu traditionnel. D'ailleurs, vous faites souvent des unions mal assorties en choisissant une personne trop jeune ou trop âgée. Vous vous laissez aussi facilement séduire par le prestige. Certains d'entre vous sont volages, même s'ils sont généralement des amoureux platoniques et assez distants. Bien que vous ne soyez pas très porté vers la sexualité, vous êtes tolérant envers votre partenaire, car vous avez besoin d'affection.

Fig. 25 : Lunarien

Vous vous accommodez à divers types. Toutefois, il est préférable que votre compagnon soit un être supérieur capable de vous protéger, comme le Solarien ou le Jupitérien.

Votre santé est délicate et vous pouvez faire de l'anémie. Vos intestins et votre système urinaire sont principalement à surveiller. Vous pouvez également souffrir de rhumatismes. Enfin, le système génital féminin est fragile.

7. Vénusien (figure 26)

Pour appartenir à ce type, votre mont de Vénus situé à la base de votre pouce et délimité par votre ligne de Vie doit être large et rembourré. La largeur de votre mont doit correspondre à plus d'un tiers de votre paume et il doit être plus élevé que votre mont de la Lune. Vos doigts ainsi que votre paume sont épais. Votre main est probablement petite et vous pouvez avoir un anneau de Vénus (chapitre 6). La présence de plusieurs lignes sur votre mont de Vénus est aussi un autre indice.

Vous vous distinguez par votre nature affectueuse et pacifique. Vous appréciez tous les plaisirs des sens. Vous avez besoin de tendresse et votre libido est forte. Vous vous mariez donc jeune et vous êtes habituellement chanceux en amour. Vous êtes capable d'une affection sincère et durable et vous accordez de l'importance à la vie familiale.

Votre meilleur partenaire est le Jupitérien. La femme Vénusienne est souvent attirée par le type Marsien viril. Vous vous entendez bien aussi avec le Lunarien et le Solarien. Vous pouvez trouver le Saturnien trop froid et le Mercurien trop cérébral.

Vous jouissez d'une bonne constitution physique et vous avez intérêt à faire de l'exercice. Vous êtes un bon vivant et vous pouvez développer un diabète. Le système génito-urinaire ainsi que le thymus sont vos points faibles.

Fig. 26 : Vénusien

CHAPITRE 4

Ligne de vie

Votre ligne de Vie devrait faire une large courbe autour de votre mont de Vénus (figure 19) qui est votre réservoir d'énergie.

Cette ligne vous renseigne sur votre constitution, votre résistance physique et votre énergie vitale. En comparant vos deux mains, vous pouvez savoir si vous améliorez ou détériorez votre état de santé.

1. Origine et terminaison de la ligne de Vie

Votre ligne de Vie débute à l'endroit où elle rejoint votre ligne de Tête et cette période se rapporte à votre enfance. Une ligne de Vie fragmentée à son début ou îlée peut révéler une jeunesse troublée. Si elle se confond longtemps avec votre ligne de Tête (figure 21.1), vous avez probablement manqué de confiance en vous et votre famille vous a marqué.

Une ligne attachée au point de départ de votre ligne de Vie et qui descend parallèlement à celle-ci (figure 27.1) indique un attachement très fort à une personne ou à un animal. Si cette ligne parallèle ne touche pas votre ligne de Vie (figure 27.2), c'est plutôt une ligne de Mars. Cette ligne montre une récupération rapide et de la protection sur le plan de la santé durant la période où elle est dessinée. Vous pouvez avoir également plusieurs lignes de protection (figure 21.2), ce qui vous donne de l'énergie supplémentaire.

Les lignes horizontales qui traversent votre ligne de Vie (figure 3) indiquent des chagrins émotifs, car elles proviennent du mont de Vénus. Une grande fourche à l'extrémité de votre ligne de Vie qui se dirige vers le mont de la Lune (figure 1) ou la ligne de Vie elle-même qui se termine vers ce mont dénote un besoin de changement. Ce besoin peut vous pousser à faire des voyages si vous voyez des lignes horizontales ou obliques sur le côté de votre percussion.

2. Signes de longévité

Contrairement à la croyance populaire, si votre ligne de Vie est courte, cela ne signifie pas nécessairement que vous mourrez jeune. Vous aurez plutôt une diminution de vitalité à l'âge où cette ligne s'interrompt. Une ligne de Vie longue n'est pas nécessairement une garantie de longévité non plus, car vos agissements peuvent raccourcir votre vie.

Une personne avec une ligne de Vie courte a plus d'énergie à court terme qu'à long terme. Elle peut donc vivre longtemps si les autres lignes dans sa main ne sont pas coupées au même âge et, surtout, si sa ligne de Vie est longue dans l'autre main.

Les gens qui vivent jusqu'à un âge avancé ont plusieurs signes de longévité dans leur main active.

Vous avez sûrement remarqué que les personnes très âgées ont les mains sillonnées de lignes. En effet, plus vos lignes sont nombreuses, plus vos possibilités de vivre centenaire sont grandes. Vos lignes doivent également être fines et profondes, c'est-à-dire tracées comme avec la pointe d'un compas et facilement visibles à l'œil nu. Elles doivent aussi être longues dans les deux mains, surtout votre ligne de Vie.

Une double ligne de Vie (figure 20.1) est un bon présage de longévité. Une ligne de Mercure longue (figure 20.2) qui se dirige vers votre auriculaire est un autre indice, mais cette ligne est souvent absente. La présence de trois lignes et plus tracées autour de votre poignet est également une indication de longévité.

3. Signes de santé et de vitalité

Pour connaître vos fragilités de santé et vos prédispositions héréditaires, vous devez d'abord prendre en considération votre tempérament (chapitre 1), votre élément (chapitre 2) et votre type planétaire (chapitre 3). Par exemple, les mains très rouges (tempérament sanguin) ont une prédisposition aux maladies cardiaques et cela doit être confirmé par la ligne de Cœur. Les mains jaunes (tempérament bilieux) indiquent un foie fragile. Les mains blanches (tempérament lymphatique) montrent peu d'énergie et cela doit être confirmé par un mont de Vénus peu élevé. Vos empreintes digitales donnent également des indices sur vos faiblesses congénitales.

Pour évaluer votre état de santé actuel, il faut prendre en considération plusieurs facteurs, entre autres la température, la couleur et l'humidité de votre main, votre mont de Vénus, votre ligne de Mercure et votre ligne de vie. Prenez l'habitude d'observer vos ongles qui sont un baromètre de votre état de santé.

Une personne avec beaucoup de vitalité a les mains plutôt larges, assez chaudes et roses avec des ongles larges, roses et lisses, sans stries ni taches blanches. Les lunules à la base des ongles doivent être visibles sur plusieurs doigts. Le mont de Vénus entouré par la ligne de Vie et situé à la base du pouce doit être ferme et bombé. Enfin, la ligne de Vie doit être bien tracée, sans signes négatifs tels des croix, des îlots, des coupures... Les ramifications montantes (figure 27.4) de la ligne de Vie montrent des périodes où vous avez des regains d'énergie, ce qui vous donne le goût de lancer de nouveaux projets.

Une ligne de Vie fine et nettement tracée indique une dépense d'énergie mesurée. Une ligne large (figure 24) montre plutôt un débordement d'énergie. Une ligne profonde a plus d'énergie qu'une ligne superficielle (figure 4). Une ligne de Vie interrompue par endroits (figure 15) peut être le signe de maladies ou de changements importants dans votre vie s'il y a une coupure dans votre ligne de Destinée au même âge.

La présence d'un îlot ou d'un ovale (figure 27.3) sur la ligne de Vie montre une division de l'énergie en deux, donc une période de fragilité physique ou de malaises chroniques. Une étoile indique une maladie qui se déclare subitement. Une croix montre une blessure ou une intervention chirurgicale.

Veuillez noter qu'un problème de santé passé qui ne vous affecte plus peut s'être effacé avec le temps.

Si votre mont de Vénus est étroit et peu élevé et que les lignes de votre main sont faiblement tracées, surtout votre ligne de Vie, votre vitalité est basse et probablement votre libido aussi. Vous avez des pertes d'énergie si votre ligne de Vie a des petites ramifications descendantes (figure 27.5) faiblement tracées. Ces ramifications peuvent aussi indiquer un accouchement dans la main d'une femme.

Une main pâle, blanche ou jaune, froide au toucher et parfois humide est une autre indication de fatigue. Une paume étroite a moins de vigueur qu'une paume large et cela est renforcé si elle a une consistance molle. Il en est de même également si votre paume est plate, c'est-à-dire que vos monts sont peu développés ou qu'il y a un creux au centre de votre paume.

Des ongles mous et friables dénotent une santé plutôt fragile. Si les lunules à la base de vos ongles sont à peine visibles, votre énergie ne circule pas bien. L'état de vos ongles et de votre ligne de Vie peut se modifier en changeant votre régime de vie.

4. Signes d'accident

Tout signe sur votre ligne de Vie vient interrompre le flot de l'énergie. Cependant, vous devez tenir compte seulement des signes qui sont bien visibles.

Voici les signes d'une personne prédisposée aux accidents et aux blessures (figure 28) :

- des mains rouges et épaisses ;
- un mont de Mars physique qui fait un bourrelet près du pouce ;
- une croix ou une étoile sur le mont de Mars physique (figure 28.1) ;
- une croix ou une étoile dans la plaine de Mars, au centre de la paume (figure 28.2) ;
- une croix sur le mont de Saturne (figure 28.3) ;
- une croix sur la ligne de Tête sous le mont de Saturne (figure 28.4) ;
- une ligne verticale (figure 28.5) partant du mont de Saturne et descendant sur la ligne de Vie en s'amincissant ;
- une coupure sur la ligne de Vie (figure 28.6) ;
- une coupure sur la ligne de Tête (figure 28.7) ;
- la ligne de Tête et la ligne de Vie séparées à leur début (figure 28.8) ;
- une ligne de Destinée qui débute dans la plaine de Mars (figure 28.9).

Une coupure sur la ligne de vie peut indiquer un malaise ou un accident. Toutefois, si une ligne parallèle apparaît à côté de la coupure (figure 21.3) ou si votre ligne de Vie se jette dans votre ligne de Destinée, cela vient atténuer le pronostic. Une coupure sur la ligne de Vie (figure 28.6) peut également indiquer un changement important dans votre vie tels un divorce, un changement de pays... Ce sont les autres signes dans votre main qui permettront de déterminer l'événement dont il est question.

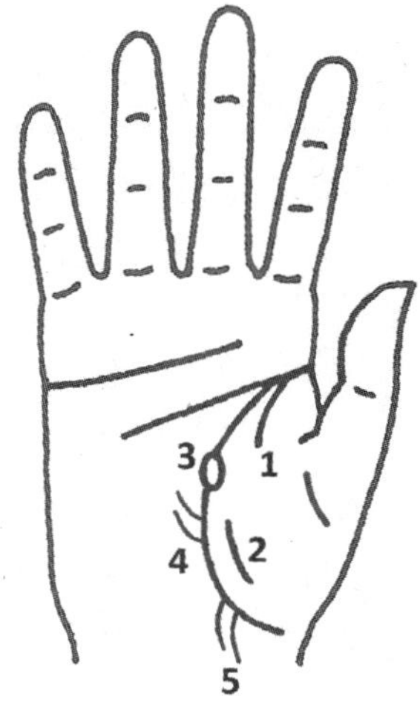

Fig. 27

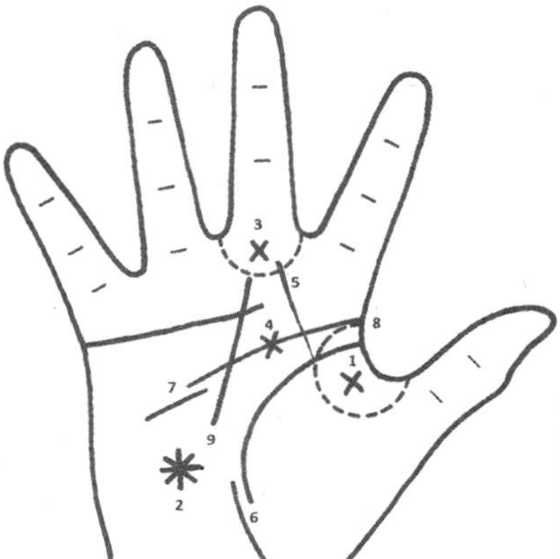

Fig. 28

CHAPITRE 5

Ligne de tête

La ligne de Tête est tracée horizontalement au centre de votre main (figure 19), sous votre ligne de Cœur. Elle vous renseigne surtout sur vos facultés mentales.

Plus votre ligne de Tête est étroite et profondément marquée, plus vous avez de l'habileté à vous concentrer longtemps. Si votre ligne de Tête est double ou fourchue (figure 2), vous avez deux modes de pensée.

Si vous êtes droitier, la ligne de Tête de votre main droite reflète l'image que vous présentez aux autres et celle de votre main gauche montre plutôt votre hérédité. Par exemple, si vous avez une croix ou un îlot sur cette ligne dans votre main gauche, vous avez une fragilité psychologique héréditaire que votre entourage ne perçoit pas nécessairement. Si votre ligne de Tête est nette, bien tracée et sans coupure dans l'autre main, cela indique que vous avez développé consciemment un meilleur équilibre mental. Il est donc préférable de n'avoir aucun signe sur cette ligne.

1. Signes sur la ligne de Tête

Une ligne de Tête coupée (figure 28.7) est le signe d'un changement dans sa façon de penser ou d'un problème physique à la tête, si cela est confirmé par une coupure sur la ligne de Vie au même âge (figure 15). La présence d'un îlot (figure 21.4) sur cette ligne montre une période de perturbation mentale. Est-ce un trait inné de votre caractère de vous inquiéter sans raison ? C'est le cas si votre main est aussi remplie de petites lignes horizontales fines.

Des barres ou des points sur la ligne de Tête montrent de la tension nerveuse à l'âge où ils apparaissent et cela peut se manifester par des migraines. Les petites lignes descendantes sont des signes de distraction. Une croix (figure 28.4) ou une étoile sur cette ligne peuvent indiquer une période de surmenage intellectuel ou une blessure à la tête, si cela est confirmé sur la ligne de Vie.

2. Origine de la ligne de Tête

La ligne de Tête est généralement liée à la ligne de Vie, à son début. Si elle est séparée de la ligne de Vie (figure 28.8), vous avez un esprit plus indépendant.

La ligne de Tête prend habituellement son origine sous l'index, entre le mont de Jupiter et le mont de Mars physique (figure 19). Si elle commence dans la partie supérieure du mont de Jupiter, cela dénote un esprit ambitieux. Si elle débute plus bas, sur le mont de Mars physique, cela montre un esprit combatif.

3. Terminaison de la ligne de Tête

Si elle s'incurve légèrement vers le mont de Mercure (figure 82.9), vous avez un esprit calculateur. Une ligne de Tête qui se dirige en ligne droite (figure 29), vers le mont de Mars, indique un esprit rationnel, qui voit les faits tels qu'ils sont.

Fig. 29

Si votre ligne de Tête est courbée vers le bas (figure 30), vous avez un esprit créateur. Votre degré d'imagination est fonction du degré de courbure de votre ligne et de la hauteur de votre mont de la Lune. Plus votre ligne est courbée vers le mont de la Lune (figure 22), plus votre créativité est forte. Votre besoin de sécurité émotionnelle est aussi important. Cette ligne de Tête imaginative encourage les illusions si votre mont de la Lune est développé, mais elle est utile pour les artistes.

Fig. 30

Une petite fourche à l'extrémité de votre ligne de Tête montre un esprit polyvalent.

4. Longueur de la ligne de Tête

Une ligne de Tête moyenne (figure 5) se rend jusqu'au milieu de l'annulaire (figure 31). Plus votre ligne de Tête est longue, plus vous aimez acquérir de nouvelles connaissances et échanger sur des sujets intellectuels. Votre esprit contrôle alors vos instincts. Par contre, si votre

Fig. 31

ligne de Tête traverse toute votre main (figure 3), vous avez de la difficulté à entrer en contact avec vos émotions. Si elle est plus longue que votre ligne de Cœur, vous êtes plus gouverné par votre raison que par vos émotions.

Une ligne de Tête courte ne se rendant pas jusqu'au centre de votre annulaire montre un champ d'intérêt moins large et un esprit plus matérialiste. Vous êtes attiré surtout par les sujets pratiques ; vous avez une vue pragmatique du monde. Vous aimez mettre en application ce que vous apprenez et la théorie vous intéresse moins. Ces traits sont accentués si votre ligne de Tête est droite ou si votre paume a une forme carrée.

Une ligne de Tête plus longue dans votre main active montre que vous avez développé vos capacités intellectuelles. À l'inverse, si elle est plus courte dans votre main active, cela signifie que vous n'avez pas utilisé votre plein potentiel.

Une ligne de Tête longue et droite vous rend exigeant dans vos critères amoureux, car vous analysez beaucoup. Une ligne de Tête courte et droite montre un esprit pratique et un besoin de sécurité matérielle.

Les intellectuels ont une ligne de Tête profonde et longue, des doigts longs, des jointures développées et des mains plutôt maigres.

5. Ligne simienne

Si votre ligne de Cœur et votre ligne de Tête se confondent et ne forment qu'une seule ligne (figure 32), cela dénote un certain déséquilibre. Le reste de la main doit être étudié avant de se faire une opinion sur cette formation rare, car elle peut être aussi la marque d'une personnalité talentueuse. Cette formation est appelée « ligne simienne », à cause de sa ressemblance avec les plis palmaires des primates.

Une « ligne simienne » indique que vos facultés mentales et émotionnelles se confondent. Vous ne savez jamais vraiment si ce que vous ressentez provient de votre esprit ou de votre cœur. Cette formation montre aussi que vous êtes une personne très intense et préoccupée par l'atteinte de buts que vous avez à cœur. Vous voulez que les événements se déroulent à votre façon et vous êtes très tenace.

Fig. 32

Vous êtes difficile à vivre, car, parfois, il vous arrive d'être très sentimental et émotif et, à d'autres moments, très terre à terre, même jusqu'à la dureté. La fusion de vos deux lignes indique que vous ne pouvez vous concentrer que sur un sujet à la fois, ce qui vous rend excessif parce que vous y mettez toute votre énergie.

- Si c'est la portion de cette ligne située sous votre auriculaire (figure 33) qui est la plus prononcée ou si cette ligne simienne est tracée bas dans la main, c'est votre ligne de Cœur qui est considérée comme absente. Vous dirigez votre énergie émotionnelle plus dans des activités mentales et vous pouvez devenir obsédé par le travail. Une tension intérieure constante vous pousse à être actif. Les autres peuvent d'ailleurs avoir de la misère à vous suivre. On peut retrouver cette

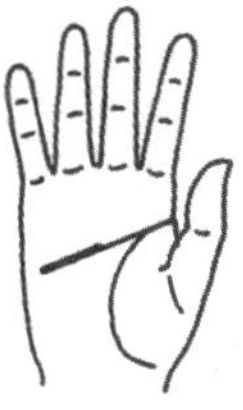

Fig. 33

formation dans les mains des chercheurs scientifiques et des personnes de pouvoir, comme les politiciens Hillary Clinton et Tony Blair.

❖ Si c'est la portion de cette ligne située sous votre index qui domine ou si cette ligne simienne est placée haut dans la main, c'est votre ligne de Tête qui est considérée comme absente (figure 34). Vous êtes plus souvent gouverné par vos désirs affectifs et sexuels, exigeant beaucoup de ceux qui vous entourent. On peut retrouver cette formation dans les mains de ceux qui ont le syndrome de Down et chez certains artistes comme l'acteur Robert De Niro et le D.J. Armin van Buuren.

Fig. 34

❖ Si vous voyez les vestiges d'une ligne de Cœur ou d'une ligne de Tête (figure 35) avec cette formation, ces interprétations sont atténuées. Toutefois, cela dénote quand même un manque d'adaptation sociale et une préoccupation à satisfaire vos propres désirs aux dépens de ceux des autres, si la ligne simienne apparaît dans les deux mains. Si cette ligne n'apparaît que dans votre main passive, son influence se fera plus sentir dans votre vie personnelle et intime. Présente seulement dans votre main active, cette formation affectera surtout votre vie professionnelle.

Fig. 35

CHAPITRE 6

Ligne de cœur

Cette ligne est tracée à la base de vos doigts ; c'est la plus haute des deux grandes lignes transversales de la main. Elle se rapporte à votre vie émotionnelle et elle décrit aussi votre comportement sexuel.

Vous remarquerez en étudiant votre ligne de Cœur que plusieurs combinaisons sont possibles ; ça peut expliquer pourquoi l'amour est si compliqué. Vous devez mettre en relation tous les éléments suivants : la profondeur, la longueur, la forme, la terminaison, la hauteur, la largeur et les ramifications de votre ligne de Cœur.

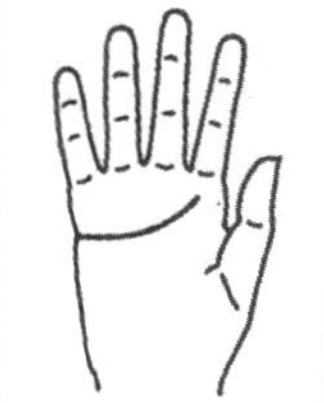
Fig. 36

La ligne de Cœur idéale devrait être nette (sans îlot, croix, etc.), uniforme (sans rupture), longue et profonde, courbée vers le haut et sans ramification descendante. Elle devrait se terminer entre l'index et le majeur (figure 36). Malheureusement, vous vous en doutez bien, cette ligne parfaite est très rare, car nos émotions ont souvent des hauts et des bas.

Une ligne de Cœur chaînée (figure 25) ou hachurée (figure 3) indique que vous vivez des tourments émotionnels. Cette ligne défectueuse peut aussi révéler des problèmes cardiovasculaires si c'est confirmé par d'autres signes dans la main.

1. Longueur de la ligne de Cœur

La longueur de la ligne de Cœur vous renseigne sur votre capacité d'aimer.

Une ligne de Cœur longue dépasse la région sous votre majeur. Plus celle-ci est longue, plus vous êtes chaleureux et capable de sympathie envers les autres, surtout si votre ligne de Cœur fait une courbe vers le haut ou est fourchue sous votre index (figure 37). Si elle est montante vers votre index, vous extériorisez ces émotions verbalement ; vous êtes démonstratif.

Fig. 37

Si votre ligne de Cœur traverse votre main d'un bord à l'autre (figure 38), vous êtes trop intense dans vos sentiments, plutôt extrémiste. Vous avez également de la difficulté à exprimer vos émotions si votre ligne est très droite (figure 18) et ainsi vous pouvez paraître distant. Cependant, cette formation peu fréquente est plutôt le signe d'une personne humanitaire. Cette ligne de Cœur très

Fig. 38

longue vous donne beaucoup de chaleur humaine et une capacité d'aimer un plus grand nombre de personnes que la majorité des gens. Vous êtes plein de compassion et de bonté. Vous vous occupez du bien-être des autres. Vous avez une propension à vous dévouer pour des causes humanitaires.

Par contre, dans votre vie privée, cette formation tend à vous attirer des problèmes. Vous pouvez trouver les relations intimes difficiles, étant donné que vous ne voulez pas favoriser un type de relation en particulier plus qu'un autre. Cette attitude vous rend réfractaire à l'exclusivité qui fait partie des relations intimes. Par conséquent, vos partenaires peuvent sentir que vous ne passez pas assez de temps ensemble, compte tenu du fait que vous êtes toujours prêt à rendre service à quelqu'un de votre entourage.

Votre souci de dévouement au groupe peut même passer avant celui de votre conjoint. Vous êtes porté à aimer l'humanité dans son ensemble plutôt qu'à vous attacher à un seul être. Toutefois, si vous possédez à la fin de votre ligne de Cœur une fourche qui se dirige entre votre index et votre majeur (figure 39), vous êtes capable d'alterner entre l'amour universel et l'amour conjugal.

Fig. 39

Une ligne de Cœur courte se termine sous le majeur ou sous l'annulaire (figure 40). Elle indique de la sécheresse dans vos sentiments, de l'égoïsme ; vous veillez à vos propres intérêts. Cela est confirmé si votre ligne est droite, sans aucune ramification, ou si elle est faiblement tracée dans votre main.

Fig. 40

Il existe aussi une crainte à vouloir trop vous ouvrir, une peur de vous engager, et cette formation est fréquente chez les célibataires endurcis. Vous exprimez vos sentiments par des gestes plutôt que par des paroles et ainsi la sexualité est habituellement importante pour vous.

Plus votre ligne de Cœur est courte, plus vous êtes égoïste et manquez de subtilité et de raffinement dans vos rapports avec vos proches. Il va sans dire que vous avez de la difficulté à entretenir des liens avec les autres, à entrer en relation. Vous préférez la satisfaction sexuelle au romantisme et c'est plus vrai si vous êtes un homme. Il vous faut développer une plus grande sensibilité aux besoins de votre partenaire. Des ramifications montantes à la fin de votre ligne (figure 41) adoucissent ces caractéristiques, car vous essayez de communiquer vos émotions.

Fig. 41

Les êtres vraiment égoïstes ont généralement une ligne de Cœur courte, superficielle, droite et sans aucune ramification (figure 40).

2. Profondeur de la ligne de Cœur

La profondeur de votre ligne de Cœur a trait à la profondeur de vos sentiments.

Plus votre ligne de Cœur est marquée dans votre main, plus vous êtes affecté longtemps par vos émotions. Si votre ligne de Cœur est à peine inscrite dans votre main, donc pâle, vous oubliez avec le temps les événements heureux ou malheureux de votre vie émotionnelle.

Par conséquent, plus votre ligne de Cœur est creusée et longue, plus l'amour joue un grand rôle dans votre vie. Il en est de même si elle est doublée par une autre ligne parallèle (figure 42). Une ligne de Cœur doublée sur tout son parcours signifie que vous avez de grands besoins affectifs.

Fig. 42

3. Terminaison de la ligne de Cœur

La terminaison de votre ligne de Cœur indique votre idéal amoureux. Votre ligne de Cœur peut se terminer dans la région du mont de Jupiter, situé sous votre index (figure 43) ou dans la région du mont de Saturne, situé sous votre majeur (figure 44).

Fig. 43

La ligne de Cœur idéale est courbée comme un croissant de lune et se rend à mi-chemin entre l'index et le majeur (figure 45). Malheureusement, cette formation (figure 1) étant assez rare, cela explique probablement pourquoi la majorité des gens éprouvent des difficultés dans leur vie amoureuse.

Fig. 44

a) Terminaison entre l'index et le majeur

Cette terminaison entre l'index et le majeur indique un équilibre entre la raison et l'émotion. Vous atteignez un équilibre entre l'idéalisme de l'élément Eau (index) et la réserve de l'élément Terre (majeur).

Fig. 45

Vous voyez les autres comme ils sont, sans être aveuglé ; vous êtes réaliste en amour. Vous savez que la vie ne tourne pas seulement autour de vous, mais, en même temps, vous comprenez que vous avez des droits comme tout le monde et vous êtes capable de les faire valoir, s'il le faut. Vous êtes raisonnable en amour et vous n'exigez pas la perfection chez l'autre.

Vous êtes un partenaire facile à vivre. Vous aimez connaître les autres et vous avez une certaine aisance à faire des contacts. Vous êtes capable de donner et de recevoir, ce qui facilite votre engagement avec les gens. Vous avez la capacité de nouer des liens véritables avec les autres, car vous êtes ouvert et honnête dans l'expression de vos sentiments. Cette terminaison est un signe de sécurité émotionnelle.

La ligne de Cœur droite qui se termine plus bas (figure 46), c'est-à-dire sous l'espace entre l'index et le majeur, est également assez rare. En effet, la plupart du temps, on remarque un autre bout de ligne tracée au-dessus de celle-ci. Cette terminaison révèle un certain degré de prudence ou d'inhibition dans votre engagement social. Vous pouvez trouver difficile de communiquer ou de parler aux autres. Ainsi, vous paraissez souvent réservé, hésitant ou timide.

Fig. 46

Vous avez de la difficulté à entrer en contact avec les gens verbalement. Ainsi, vous préférez la plupart du temps démontrer vos émotions par des actions plutôt que par des mots. Donc, vous pouvez trouver ardu d'exprimer vos émotions d'une manière articulée. Il est difficile de connaître ce qui se passe à l'intérieur de vous et vous êtes parfois insensible aux débordements émotionnels des autres. Vous tendez à être raisonnable en amour.

b) Terminaison sur le mont de Jupiter

Plus votre ligne de Cœur monte haut sur le mont de Jupiter (figure 43), plus vous êtes romantique et idéalisez le partenaire. La passion joue un rôle secondaire dans votre vie, car vous désirez avant tout une fusion de l'esprit avec l'autre. Vous faites de nombreuses concessions pour maintenir une relation et vous ne recevez pas autant que vous donnez.

En amour, vous avez besoin d'admirer votre conjoint et il doit donc posséder certaines qualités que vous jugez essentielles. Faites attention que vos exigences ne soient pas trop élevées ! En effet, votre partenaire doit vous faire honneur et vous avez tendance à le mettre sur un piédestal. Toutefois, si la personne aimée n'est pas à la hauteur, vous risquez d'en souffrir. Vous pouvez rechercher aussi un partenaire au-dessus de votre condition. Ne rêvez pas trop à la princesse ou au prince charmant ! Un annulaire qui penche vers le majeur viendrait confirmer cette tendance à surestimer les autres et à être ensuite désillusionné.

Si votre ligne de Cœur touche presque la base de votre index (figure 3), vous vous mettez au centre de toute relation et c'est vous qui êtes la personne la plus importante dans le couple. Conséquemment, vous pouvez être obsédé par vos propres sentiments et penser continuellement à trouver le conjoint parfait ou l'âme sœur. Comme résultat, vous formez souvent des liens avec des gens que vous pensez correspondre à la haute opinion que vous avez de vous-même.

Une fois que vous trouvez un partenaire à votre hauteur, vous pouvez devenir obsédé par sa conquête. D'un autre côté, vous pouvez avoir des relations superficielles et une attitude froide et distante avec ceux que vous jugez au-dessous de votre condition ou ceux qui ne correspondent pas à vos critères. Au bout du compte, vous subissez souvent des désappointements dans votre vie amoureuse, car vous finissez par découvrir que la personne que vous mettiez sur un piédestal a ses défauts comme tout le monde.

Vous pouvez être attiré par la lutte de pouvoir si, en plus d'avoir cette terminaison de la ligne de Cœur sur le mont de Jupiter, la phalange inférieure de votre index est développée et spécialement si votre index est long (c'est-à-dire plus long que votre annulaire). Étant donné que vous vous voyez comme le centre de l'univers, vous vous heurtez à ceux qui ne sont pas d'accord avec l'image élevée que vous vous faites de vous-même. Ainsi, vous tendez souvent à être le centre d'attention. Vous essaierez de manipuler les gens et les situations à votre propre avantage. Vous pouvez donner l'impression de n'être capable d'aimer que vous-même. À moins que cette énergie soit canalisée dans des activités religieuses ou humanitaires, cette terminaison sur le mont de Jupiter apporte du narcissisme.

Ces caractéristiques sont atténuées si votre ligne de Cœur se termine plus bas sur le mont de Jupiter, sous l'index (figure 47). Par contre, cette ligne droite et très longue montre que vous avez tendance à être irrationnel et immature en amour. Vous n'êtes pas prêt à vous sacrifier pour obtenir l'être parfait que vous recherchez. Vous passez

Fig. 47

plus de temps à penser à votre relation et à l'analyser qu'à agir. Vous ne laissez pas vos sentiments et vos passions prendre le dessus.

Attention, une ramification de la ligne de Cœur (figure 48) ou la ligne elle-même qui se dirige vers votre index démontrent également que vous êtes centré sur vos propres besoins, car vos critères sont trop définis.

Fig. 48

c) Terminaison sur le mont de Saturne

Une ligne de Cœur qui se termine assez bas sous votre majeur (figure 49) vous apporte un élément de froideur dans l'expression de vos émotions et de l'insensibilité. La satisfaction de vos désirs personnels passe en premier. Vous éprouvez habituellement peu de considération pour les autres. Quand vous voulez démontrer votre affection, vous utilisez des moyens pratiques tels que rendre un service à votre conjoint.

Fig. 49

Plus votre ligne est courte, plus vous êtes renfermé sur vous-même et réticent socialement. Vous ne recherchez pas nécessairement la compagnie des autres et vous avez besoin de tranquillité. Vous ne voulez pas réellement vous engager. Cette terminaison sous le majeur révèle une crainte de l'intimité et elle est fréquente chez les personnes qui restent célibataires longtemps.

Vous ne vous laissez pas embobiner facilement et vous pouvez même être profiteur en amour, surtout si votre ligne est très droite, sans aucune ramification (figure 49). Vous êtes plus gouverné par vos désirs personnels que par vos sentiments. Ainsi, vous ne vous souciez pas toujours de laisser des cœurs brisés derrière vous, d'autant plus que vos élans passionnels sont intenses. Vous pouvez rechercher plusieurs partenaires dans le but de trouver la signification du vrai amour. Cette terminaison dans la région sous le majeur est la marque du « Don Juan ». Vous aimez plus avec vos sens qu'avec votre cœur et l'apparence physique est certainement l'un de vos critères de sélection. Ces traits sont accentués si votre ligne de Cœur se termine dans la région sous l'annulaire.

Une ligne de Cœur courbée qui se dirige en montant vers le majeur est assez rare (figure 50). Cette terminaison suggère un frein presque conscient et délibéré à l'expression naturelle de vos émotions à cause de la courbure trop prononcée de votre ligne de Cœur. Vous êtes porté à entrer en relation avec votre entourage d'une manière formelle et structurée, en jouant un rôle en accord avec les normes et les règles du groupe ou de la culture à laquelle vous appartenez. Vous accomplissez le rôle que l'on attend de vous pour plaire. Votre expression personnelle naturelle est donc freinée par l'adoption de conventions sociales.

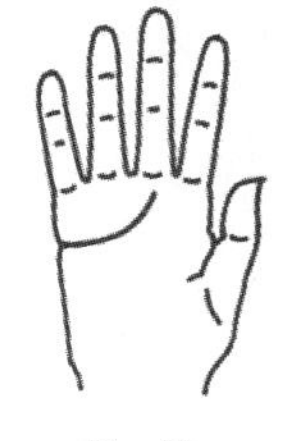

Fig. 50

Vous êtes peu démonstratif, sauf par le don de présents ou par la sexualité. L'esprit pratique et le bon sens prédominent dans votre vie amoureuse. Ainsi, la sécurité matérielle tient une place importante pour vous dans le choix d'un partenaire.

Vous êtes aussi capable d'avoir des relations sexuelles avec une personne sans être engagée avec elle.

4. Ligne de Cœur doublée sur son parcours

Quand la ligne de Cœur se termine dans l'espace situé entre l'index et le majeur, on remarque souvent une deuxième ligne au-dessus d'elle. Cette deuxième ligne provient généralement de la région sous l'index ou de celle située entre l'index et le majeur (figure 51). Ces deux lignes ne se touchent habituellement pas et la distance entre elles est variable. La longueur du redoublement peut varier considérablement selon le cas, mais cette deuxième ligne est généralement courte. Ce redoublement montre que vous présentez une façade au monde en général ; vous portez un masque. Vous vous servez de ce masque pour tenir les autres à distance et pour les empêcher de trop vous approcher.

Fig. 51

Cette formation se remarque souvent chez les vendeurs et les personnalités publiques, spécialement quand ils ont besoin dans leur travail de convaincre ou de faire bonne impression. C'est fréquent chez les personnes qui ont un rôle professionnel à jouer dans la vie, surtout si ce rôle implique d'avoir affaire à d'autres gens, comme les politiciens qui ne doivent pas révéler leur vraie nature. Dans ce sens-là, cette formation peut être considérée comme un atout.

Cependant, cette attitude vous occasionne des difficultés dans votre vie personnelle, particulièrement quand vous devez vous ouvrir ou être sincère dans vos sentiments. Le redoublement de votre ligne de Cœur agit comme un mécanisme de protection. Vous prenez votre temps pour connaître les autres et pour les laisser vous connaître, un peu par crainte de devenir vulnérable. Vous avez peur de vous dévoiler. Vous préférez donc être en contact avec votre entourage d'une manière superficielle, c'est-à-dire vivre une relation qui ne requiert pas beaucoup d'implication personnelle. Vous avancez prudemment, n'ouvrant pas votre cœur avant d'être sûr. Votre vie privée est séparée de votre image publique et seuls ceux à qui vous faites entièrement confiance vous connaissent sous votre vrai jour.

Vous utilisez cette deuxième portion de votre ligne de Cœur (figure 51) seulement quand vous êtes en contact avec d'autres. En conséquence, vos sentiments profonds, tels qu'ils sont représentés par la partie principale de la ligne de Cœur, ne sont pas facilement exprimés. Les gens peuvent donc avoir une idée ou une image totalement différente de ce que vous êtes en réalité. Ils ne peuvent pas être certains que ce qu'ils voient est la vérité. Ainsi, le redoublement indique que vous essayez de paraître assez sociable et que vous êtes souvent plutôt amical, mais votre ligne de Cœur montre qu'il est difficile de vraiment vous connaître.

Ces comportements se manifesteront avec plus ou moins d'intensité selon la terminaison exacte de votre ligne de Cœur elle-même, la distance entre votre ligne de Cœur et ce redoublement et la longueur du redoublement lui-même. Plus l'espace entre votre ligne de Cœur et le redoublement est large, plus le problème est important.

Longueur du redoublement :

a) Si cette deuxième portion de la ligne de Cœur est longue (figure 51), vous pouvez l'interpréter comme un anneau de Vénus (chapitre 10). Vous croyez probablement que vous êtes le personnage que vous présentez et ainsi vous avez plus de difficulté à être en contact avec ce qui se passe à l'intérieur de vous-même, en plus de tous les autres problèmes déjà mentionnés, incluant ceux de l'implication et de l'engagement. Cette formation est souvent une stratégie employée pour entrer en contact avec les autres sans réellement vous engager avec eux. C'est un mécanisme d'autoprotection pour éviter l'ouverture et la vulnérabilité et, de façon ultime, le changement.

b) Si cette deuxième portion dépasse la moitié de votre main, elle se rend alors jusque sous votre annulaire tout en étant parallèle à votre ligne de Cœur (figure 52). Cette deuxième ligne ne doit pas être courbée comme un anneau de Vénus ; elle doit ressembler plutôt à une deuxième ligne de Cœur. À cause de la longueur de ce redoublement, votre image sociale est si forte que vous la considérez comme étant votre vraie personnalité plutôt que comme une simple façade publique avec laquelle vous entrez en relation avec les autres. Toutefois, ce que vous êtes réellement est indiqué par votre ligne de Cœur principale.

Fig. 52

Dans un certain sens, cette deuxième portion prend certaines caractéristiques de l'anneau de Vénus telles que l'illusion, le rêve. On peut retrouver cette forme de ligne chez les acteurs, les poètes, les musiciens, ceux qui ont de la créativité. Cependant, tandis que votre aptitude pour jouer un rôle peut être considérée comme un talent, en venir à croire que ce rôle est ce que vous êtes réellement est de la confusion et de l'autotromperie. Vous confondez le rôle avec l'acteur, le masque avec votre personnalité réelle.

La présence de ce long redoublement de votre ligne de Cœur (figure 52) montre donc un profond schisme émotionnel et psychologique parce que ce que vous présentez aux autres est très différent de la réalité. Par exemple, vous pouvez présenter une image d'une personne sensible, aimante, détendue quand vous êtes en réalité fâché et rempli de haine. Vous ressentez souvent ce dualisme, cette contradiction à l'intérieur de vous et vous devenez alors instable et vos sentiments sont confus. Vous hésitez entre ce que vous pensez que vous devriez ressentir et être par rapport aux gens et ce que vous sentez et voulez être réellement.

Vous n'êtes pas en contact avec vos émotions et vous pouvez même croire que la manière dont vous devriez répondre dans une situation précise correspond réellement à ce que vous sentez. Cette attitude peut être le résultat d'un profond manque d'estime de vous-même. Pour cette raison, les gens peuvent vous trouver superficiel, changeant ou même menteur parce que votre vrai « moi » est caché. Vous préférez être distant, inconnu, énigmatique, mais, en fait, votre plus grande peur est d'être démasqué. Vous dépensez beaucoup d'énergie pour maintenir ce masque.

c) Si cette deuxième portion de la ligne se rend presque jusque de l'autre côté de votre main (figure 53), elle est alors interprétée comme une double ligne de Cœur. Ici, l'illusion indiquée par le redoublement est si complète que vous n'avez aucune idée que cette illusion ne correspond pas nécessairement à la réalité. Vous évoluez simultanément entre deux mondes émotionnels qui n'ont aucune relation entre eux. Il y a donc un danger considérable d'incompréhension et de confusion dans vos relations humaines.

Fig. 53

Vous trouvez facile de projeter vos fantaisies et vos rêves chez l'autre et vous êtes surpris quand cela ne lui correspond pas. Plus vous vivez dans un monde fantaisiste de votre propre composition, moins vous comprenez les autres et moins vous êtes capable de vous voir et de les voir clairement. Cette attitude vous attire conséquemment des désappointements. Cette formation est une version plus accentuée du long redoublement discuté précédemment.

5. Ramifications de la ligne de Cœur

Les ramifications sont un indice de sensibilité, mais ils amènent aussi un comportement instable. La branche la plus forte indique l'attitude qui prédomine le plus souvent chez vous. Une ligne de Cœur différente dans vos deux mains peut aussi vous faire paraître changeant. Voici des signes d'instabilité et d'insécurité en amour :

Signes d'instabilité émotionnelle

a) Une ligne de Cœur qui se termine par une petite fourche située dans l'espace sous l'index et le majeur, sans aucune autre branche vers le côté de la main ou vers les autres doigts (figure 54), montre de l'instabilité. Une fourche démontre toujours de la diversité et de la polyvalence. Cette fourche peut indiquer que vous désirez deux manières distinctes pour exprimer vos émotions, peut-être même avec deux partenaires différents. Cela peut vous donner des difficultés émotionnelles ou de la confusion, car vous pouvez avoir de la difficulté à choisir.

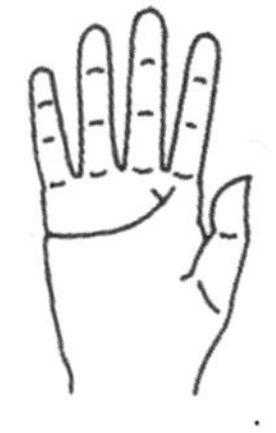
Fig. 54

b) Une ramification qui monte vers l'espace entre votre index et votre majeur et une autre qui descend vers votre ligne de Vie (figure 55) signifient que vous avez deux orientations émotionnelles (figure 17). La ramification montante montre

Fig. 55

que vous cherchez à entrer en relation avec les autres d'une manière indépendante et détachée, tandis que la ramification descendante montre que vous désirez être rassuré et sécurisé dans vos sentiments. Vous êtes probablement conscient de ce besoin.

c) Une ramification qui monte vers la base de votre index et une autre qui descend vers votre ligne de Vie (figure 9) dénotent à la fois un besoin de liberté et de sécurité émotionnelle dans vos relations. Toutefois, étant donné que la ligne principale se dirige vers l'index, vous êtes plus égoïste et plus possessif qu'indépendant, en ce sens qu'il est important pour vous de ne pas perdre votre partenaire. Votre conjoint contribue à votre identité personnelle. Ainsi, vous pouvez répugner à le laisser aller. La personne à laquelle vous vous attachez est nécessaire à votre bien-être ; vous avez besoin de son soutien. Vous vous sentez sans valeur si elle vous laisse tomber et vous ferez tout pour éviter que cette situation se produise.

Ainsi, vous éprouvez en même temps de forts désirs de liberté et vous oscillez entre les deux, selon votre humeur. Ce type de comportement peut être embarrassant et exigeant pour votre partenaire. Bref, vous voulez que l'on prenne soin de vous quand vous en sentez le besoin, mais vous devenez distant et indépendant quand vous êtes d'humeur contraire. Vous êtes donc centré sur vous-même et vous n'admettez pas facilement votre insécurité, spécialement si votre index est long.

d) Une ligne de Cœur ayant une branche qui monte vers votre index et une autre qui se dirige vers votre majeur (figure 56) signifient également que vous êtes changeant. Selon votre état présent, vous pouvez être réservé et distant ou accapareur. Un instant, vous désirez de la compagnie, la minute suivante, vous préférez être seul.

Fig. 56

Il est à noter que si votre ligne de Cœur est large, chaînée ou hachurée, cela vient accentuer votre nature instable. Un pouce souple à son extrémité montre aussi des sentiments changeants.

Signes d'insécurité en amour

Les ramifications descendantes montrent un besoin d'attachement fort et sont un signe d'insécurité en amour.

Si vous possédez une ou plusieurs ramifications qui descendent de votre ligne de Cœur (figure 21.5), vous donnez l'impression d'être détaché et indifférent, mais ce n'est pas vrai. En fait, c'est le contraire, vous tombez amoureux facilement. Vous déguisez habilement votre insécurité derrière une façade de froideur. De plus, vous n'admettez pas facilement cette dépendance affective, étant donné que cela ne correspond probablement pas à l'image que vous avez de vous-même ni à celle que vous voulez donner aux autres. Vous pouvez parler en faveur d'une relation libre, sans aucun engagement, tandis qu'en réalité vous désirez plutôt l'intimité et une implication totale de la part de votre partenaire, surtout si votre ligne de

Cœur est longue. Vous êtes donc souvent déçu, car vous ne réalisez pas vos espérances.

Vous pouvez posséder trois ramifications, c'est-à-dire l'une montant vers la base de votre index, une autre descendant vers votre ligne de Vie et la dernière étant un redoublement de votre ligne de Cœur (figure 57). La ramification descendante montre votre insécurité, tandis que la ramification montante montre un intérêt pour le spirituel et le mysticisme, en plus d'une préoccupation narcissique de vos besoins personnels.

Fig. 57

Le redoublement de votre ligne de Cœur vous encourage à donner une belle image de vous-même et vous essayez d'être gentil et correct avec tout le monde. Ainsi, vous avez probablement un penchant à suivre plusieurs cours de développement personnel, mais vous ne persévérez pas assez longtemps pour vous changer. En réalité, vous ne voulez pas réellement faire face à vos démons intérieurs, mais plutôt vous gâter. Vous prenez plus que vous donnez tout en donnant l'illusion du contraire.

Une ligne de Cœur se dirigeant vers le bas ou ayant des ramifications descendantes indique également que vous vous posez trop de questions en amour et que votre prudence vous nuit. Votre mental intervient et vous prenez tout à cœur, surtout si votre ligne de Cœur est profonde. Vous pensez trop et vous vous posez des questions

Fig. 58

telles que « Me comprend-il ? M'aime-t-il vraiment ? ». Vous le faites par insécurité, surtout si les ramifications descendantes touchent la ligne de Tête ou la ligne de Vie (figure 58). Si les ramifications descendantes traversent la ligne de Tête et la ligne de Vie (figure 21.5), vous êtes méfiant et vous vérifiez tout avant d'accorder votre amour. Au surplus, des réponses insatisfaisantes de la part de votre conjoint vous causent des frustrations et réveillent en vous du ressentiment, de la colère ou de la jalousie. Il existe une lutte entre votre mental et votre cœur qui vous prédispose à des chagrins affectifs. Cet état s'aggrave selon le nombre, la longueur et la profondeur de vos ramifications descendantes.

Vous agissez ainsi parce que vous désirez avant tout la sécurité émotionnelle et parce que vous êtes porté à former des liens affectifs forts. Vous êtes aussi probablement très attaché à votre famille. Vous avez besoin de démonstrations d'affection tangibles, de contacts physiques avec l'être aimé pour être assuré de son amour et vous sentir bien. Cette attitude peut vous rendre dépendant et vos attentes vous rendent insatisfait et malheureux. L'ampleur de l'attachement que vous avez pour la personne aimée prend des proportions exagérées ; vous devenez possessif. Vous avez toujours besoin de quelqu'un pour combler votre manque affectif.

Vous êtes si paniqué à l'idée d'être seul que maintenir une relation qui vous rend malheureux vous est préférable au fait d'être seul. Cette crainte perpétuelle de voir se terminer votre relation vous met dans un état névrotique où vous ferez tout ce qui est en votre pouvoir pour plaire à votre partenaire. Cette même attitude peut justement pousser ledit partenaire à vous rejeter parce qu'il est écœuré de votre possessivité. Quand une relation se termine et que votre crainte d'être seul s'amplifie; vous vous accrochez presque au premier venu pour combler vos besoins émotionnels. Si la phalange médiane de votre auriculaire est large, vous avez en plus une peur de l'abandon.

Si les deux partenaires dans un couple possèdent une ligne de Cœur se dirigeant vers le bas ou ayant des ramifications descendantes, leur union peut se poursuivre des années. En effet, aucun des deux n'est assez brave pour mettre le point final à la relation. C'est courant chez les conjoints qui se séparent et qui « reprennent » toujours ensemble.

Cette formation plutôt fréquente doit être mise en relation avec les autres caractéristiques de la ligne de Cœur. Une ramification descendante sous l'index est plus négative que sous le majeur, car vos attentes sont plus élevées. Ainsi, les désillusions sont plus grandes. Si vous possédez un anneau de Vénus, vous pouvez même tromper vos partenaires potentiels, au début d'une relation, en leur laissant croire que vous ne souffrez pas d'insécurité, même si c'est le cas.

De plus, quand vous vous trouvez un nouveau partenaire rapidement, vous pouvez même vous convaincre que c'est le bon pour vous. Un anneau de Vénus (figure 59) tracé près de votre ligne de Cœur révèle aussi que vous êtes porté à vous attacher facilement.

Fig. 59

6. Forme de la ligne de Cœur

La forme de votre ligne de Cœur vous indique si vous êtes sentimental ou cérébral en amour.

a) Ligne de Cœur courbée

La courbure de la ligne de Cœur indique que vous prenez les sentiments de l'autre en considération.

❖ Une ligne de Cœur courbée vers le haut (figure 60) vous rend sentimental et l'intensité de ce trait est fonction du degré de sa courbure. Plus votre ligne est montante, plus votre cœur est ouvert et romantique. Vous êtes plutôt conciliant et capable de faire des concessions ; ce qui vous rend capable de vous entendre avec une personne qui a une ligne de Cœur droite. Vous passerez du temps à parler dans le but d'essayer de comprendre votre partenaire et cela est accentué si votre ligne a un tracé fin (voir figure 1). Votre partenaire sait toujours ce qu'il en est avec vous, car vous verbalisez vos émotions. Il est important pour vous d'avoir un lien affectif avec une autre personne, surtout si votre ligne de Cœur est profonde.

Fig. 60

❖ Une ligne de Cœur courbée vers le bas (figure 61) démontre que vos sentiments sont contrôlés par votre mental, soit votre ligne de Tête. Vous réfléchissez à vos émotions plutôt que de les ressentir et ainsi vous vous attirez des chagrins affectifs.

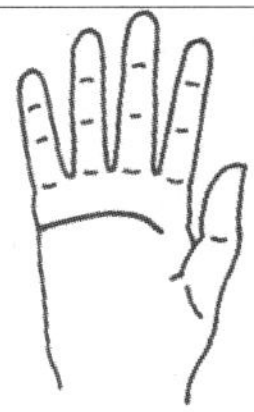

Fig. 61

❖ La ligne de Cœur peut aussi descendre au point de toucher la ligne de Tête (figure 62), sous le majeur ou sous l'index. Cette formation est habituellement accompagnée de deux ou de plusieurs anneaux de Vénus. Vous possédez toutes les caractéristiques de la ligne simienne (chapitre 5), mais vous cachez votre obsession sous plusieurs masques superposés dans le but de vous rendre socialement acceptable aux autres et à vous-même. Derrière la personnalité sociale que vous avez choisi d'adopter, vous savez que vous êtes intense, compulsif et exigeant. Toutefois, vous ne laisserez jamais les autres voir cette facette de vous ; vous la gardez cachée.

Fig. 62

Vous donnez l'impression d'une personne amicale, ouverte et facile, et c'est différent de ce que vous ressentez à l'intérieur de vous. Si votre pouce montre beaucoup d'autocontrôle, ces émotions sont refoulées et peuvent vous donner des troubles physiques telles des maladies ou des blessures. La pression que vous ressentez intérieurement est si forte qu'il vous arrive d'avoir des débordements émotionnels. Il existe chez vous un conflit entre la tête et le cœur qui peut vous occasionner beaucoup de souffrances.

b) Ligne de Cœur droite

Une ligne de Cœur plutôt droite (figure 63) indique que vous préférez avoir le contrôle dans une relation amoureuse. On peut vous trouver exigeant dans la poursuite de vos buts.

Fig. 63

Vous êtes souvent direct et rapide dans vos échanges avec les autres. Ainsi, vous n'avez pas toujours de l'estime pour votre partenaire, surtout si votre ligne est courte. Évitez donc un partenaire qui possède une ligne de Cœur droite comme vous, car une lutte de pouvoir pourrait s'engager entre vous, d'autant plus que vous avez tous les deux de la difficulté à exprimer vos sentiments.

Vous avez aussi de la retenue dans vos émotions, car vous analysez vos sentiments et vous voulez aussi être sûr que votre amour est payé de retour avant de vous déclarer. Vous évaluez donc bien la situation avant de donner votre cœur, mais, quand vous le faites, c'est pour longtemps. Vous n'avez pas besoin de marques d'affection constantes de la part de votre partenaire, car vous-même ne montrez pas facilement ce que vous ressentez.

En fait, vous dirigez votre vie sentimentale avec la plus grande objectivité. Attention, ne laissez pas votre mental vous faire perdre contact avec vos propres besoins ou désirs intérieurs. Arrêtez de censurer vos émotions et laissez parler votre cœur plutôt que de souffrir en silence. Bref, une ligne de Cœur droite (figure 22) signifie que vous êtes cérébral dans le domaine affectif. Dans une relation sexuelle, vous êtes capable de prendre votre temps grâce à votre grand contrôle mental.

Une ligne de Cœur longue qui traverse toute votre main en ligne droite (figure 63) est le signe d'un amour universel. Vous avez probablement de la difficulté à vous attacher à une personne et vous n'aimez pas les gens possessifs.

7. Hauteur et largeur de la ligne de Cœur

La hauteur à laquelle se termine votre ligne de Cœur et sa largeur montrent comment vous entrez en relation avec les autres. À cet effet, divisez la distance entre la base de l'index et le début de la ligne de Tête en quatre parties égales. Chaque section correspond à un élément, soit l'Air, le Feu, l'Eau et la Terre (figure 64). Mesurez ensuite à quelle hauteur commence votre ligne de Cœur.

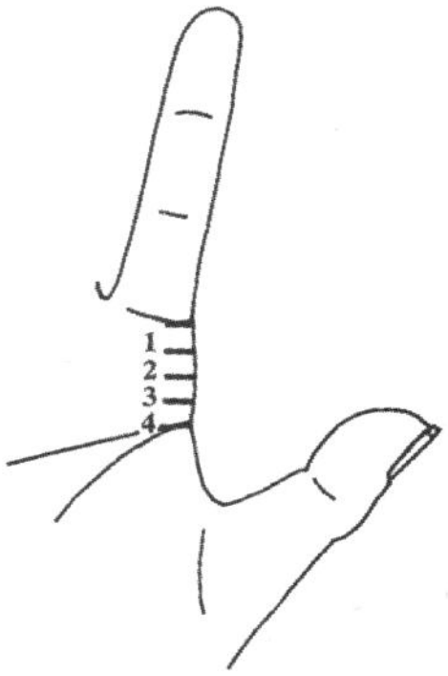

Fig. 64

Une ligne de Cœur courbée se termine généralement à la base des doigts, sur le plan de l'Air (figure 64.1). Cette origine augmente le désir de communiquer et vous rend capable d'exprimer vos émotions verbalement.

Une ligne de Cœur droite se terminant plus bas, sur le plan de l'élément Feu (figure 64.2), indique que le côté physique-sexuel d'une relation est très important pour vous. Vous êtes porté à montrer vos sentiments par des actes plutôt que par des paroles. L'élément Feu gouverne la vue et ainsi vous accordez une grande importance à l'apparence de votre partenaire. Vous voulez une personne dont vous pouvez être fier. Une fois que vous avez quelqu'un en tête, vous utilisez des manœuvres pour le courtiser ou le séduire. Les détenteurs d'une ligne de Cœur courbée percevraient, eux, ce comportement comme de la manipulation.

Une ligne de Cœur droite se terminant sur le plan de l'élément Eau (figure 64.3) indique que vous êtes moins centré sur un but ou sur une personne. Vous êtes quand même enclin à vous attacher rapidement à la personne désirée, mais vous trouvez difficile de vous exprimer, physiquement ou verbalement. Cela vous nuit pour maintenir toute forme de relation, et vos contacts avec les autres tendent donc à être plus éphémères.

La ligne de Cœur qui se termine sur le plan de l'élément Terre (figure 64.4) est la plus droite, car elle demeure à la même hauteur tout au long de son parcours. Ici, l'expression émotionnelle est soit complètement inhibée, soit assez simple, crue, comme celle d'un enfant. Les demandes sont faites et elles doivent être exécutées sur-le-champ. Cette forme de ligne révèle un comportement obsessionnel et une sexualité compulsive. Si c'est votre cas, vous êtes difficile à vivre soit parce qu'il est absolument impossible pour vous d'entrer en relation ou au contraire parce que vous êtes trop intense. Les personnes qui possèdent une ligne simienne (figure 65), c'est-à-dire une ligne de Cœur et une ligne de Tête qui ne forment qu'une seule ligne, appartiennent aussi à ce type.

Fig. 65

Plus votre ligne de Cœur est tracée haut dans votre main, plus vous avez de l'habileté à exprimer vos émotions sans être contrôlé par votre mental. À l'inverse, plus elle est basse dans votre main (figure 5), plus votre esprit gouverne vos sentiments et nuit à l'expression de ceux-ci.

Si vous retrouvez tous les éléments d'extériorisation dans votre main, soit une ligne de Cœur haute, longue, profonde, fourchue et courbée, vous êtes vulnérable et sensible à ce qui arrive aux gens autour de vous. Au contraire, si votre ligne de Cœur est basse, courte, superficielle, sans aucune ramification et droite (figure 66), ce n'est pas votre vie affective qui vous fera souffrir. Toutefois, prenez garde que votre égoïsme ne vous attire des problèmes un jour !

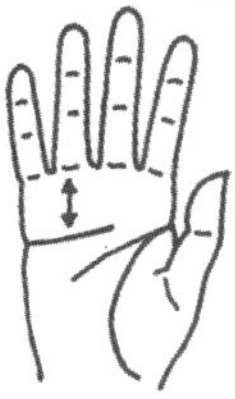
Fig. 66

La largeur de votre ligne de Cœur doit aussi être examinée. Si vous avez une ligne de Cœur fine (figure 22) qui semble tracée avec la pointe d'un compas, vous vous accordez du temps pour connaître une personne. Vous ne donnez pas votre cœur facilement. Si vous avez une ligne de Cœur large (figure 5), vous préférez passer vite à l'action et vous êtes sujet aux débordements amoureux.

8. Interprétation

Comme pour les autres signes dans la main, il faut comparer vos deux mains pour voir si vous avez modifié votre façon d'aimer. Si vous êtes droitier, la ligne de Cœur de votre main droite reflète votre façon immédiate de réagir à une émotion et celle de votre main gauche montre plutôt vos réactions héritées et inconscientes. Ces réactions inconscientes peuvent modifier vos premières réactions, si vos deux lignes sont différentes dans les deux mains, et peuvent ainsi causer une certaine confusion intérieure.

Votre image extérieure (main droite) est alors différente de votre image intérieure (main gauche). C'est l'inverse si vous êtes gaucher. Une ligne de Cœur différente dans vos deux mains signifie donc que ce que vous ressentez intérieurement est différent de l'image que vous projetez. L'évolution de votre caractère, les traces laissées par vos expériences amoureuses se trouvent aussi dans votre main droite. Si vous êtes gaucher, cette règle est tout simplement inversée.

Par exemple, la présence d'une ligne courbée et longue (nature expressive) dans votre main gauche et d'une ligne courte et droite (nature réservée) dans votre main droite, si vous êtes droitier, voudrait dire que des expériences amoureuses difficiles vous ont enseigné à éviter les blessures affectives en faisant un effort conscient pour cacher votre sensibilité innée.

Une ligne de Cœur longue se termine dans la région située sous l'index et montre que vous êtes une personne chaleureuse gouvernée par ses sentiments. Une ligne de Cœur courte se termine dans la région située sous le majeur et montre de la froideur dans vos sentiments, car la raison prédomine chez vous. Une ligne de Cœur courbée indique que vous êtes une personne conciliante et sentimentale. Une ligne droite indique plutôt que vous êtes une personne cérébrale qui aime contrôler. Une ligne de Cœur de longueur moyenne se termine dans la région située entre l'index et le majeur et dénote un équilibre entre votre raison et vos émotions.

Voici les différentes combinaisons de lignes de Cœur que vous retrouverez dans le tableau de compatibilité :

a) Ligne de Cœur droite et courte (se terminant sous le majeur) : **réservé** (figure 67.1 – figure 23).

b) Ligne de Cœur courbée et courte (se terminant sous le majeur) : **passionné** (figure 67.2).

c) Ligne de Cœur droite et longue (se terminant sous l'index) : **cérébral** (figure 68.1 – figure 18).

d) Ligne de Cœur courbée et longue (se terminant sous l'index) : **expressif** (figure 68.2 – figure 3).

e) Ligne de Cœur droite et moyenne (se terminant entre l'index et le majeur) : **raisonnable** (figure 69.1 – figure 6).

f) Ligne de Cœur courbée et moyenne (se terminant entre l'index et le majeur) : **équilibré** (figure 69.2 – figure 1).

Fig. 67

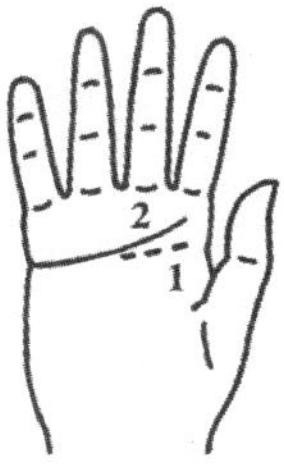

Fig. 68

Fig. 69

9. Compatibilité

Dans une relation amoureuse, votre ligne de Cœur doit avoir soit la même longueur, soit la même forme que celle de votre partenaire. Toutefois, avant de comparer votre ligne de Cœur avec celle de votre partenaire, il est préférable d'avoir comparé vos deux mains.

COMPATIBILITÉ						
AMOUREUX	**Réservé**	**Cérébral**	**Passionné**	**Expressif**	**Raisonnable**	**Équilibré**
Réservé	forte	moyenne	moyenne	faible	forte	moyenne
Cérébral	moyenne	moyenne	faible	moyenne	forte	moyenne
Passionné	moyenne	faible	forte	moyenne	moyenne	forte
Expressif	faible	moyenne	moyenne	forte	moyenne	forte
Raisonnable	forte	forte	moyenne	moyenne	forte	moyenne
Équilibré	moyenne	moyenne	forte	forte	moyenne	forte

Des conjoints qui possèdent tous les deux une ligne de Cœur courbée ont tous les deux la capacité de faire des compromis. Des conjoints qui possèdent des lignes de Cœur droites (figure 26) sont compatibles aussi longtemps qu'ils ont les mêmes objectifs. Quand ce n'est pas le cas, les deux font connaître leurs sentiments avec peu d'égards envers ceux de l'autre et il y a conséquemment beaucoup de flammèches et d'affrontements émotionnels.

Une ligne de Cœur courbée et une ligne de Cœur droite ne font pas nécessairement bon ménage. Le détenteur de la ligne courbée trouvera le manque de tact et de subtilité de la ligne droite difficile à tolérer, mais il peut céder. Une ligne de Cœur ayant deux ramifications (figure 25), soit une qui est droite et une autre qui monte vers le haut (figure 48), peut s'entendre autant avec une ligne de Cœur droite qu'avec une ligne de Cœur courbée.

Plus vous possédez de caractéristiques identiques à celles de votre partenaire dans la liste qui suit, meilleure est votre compatibilité.

MAIN (CHAPITRE 1)

paume carrée ☐ paume rectangulaire ☐ paume spatulée ☐
paume mince ☐ paume épaisse ☐

DOIGTS (CHAPITRE 2)

courts ☐ moyens ☐ longs ☐ épais ☐ minces ☐

MONT DE VÉNUS (CHAPITRE 3)

développé ☐ moyen ☐ plat ☐

MONT DE LA LUNE (CHAPITRE 3)

développé ☐ moyen ☐ plat ☐

LIGNE DE TÊTE (CHAPITRE 5)

longue ☐ courte ☐ droite ☐ courbée ☐

LIGNE DE CŒUR (CHAPITRE 6)

longue ☐ courte ☐ droite ☐ courbée ☐

Pour bien vous entendre avec votre partenaire, vous pouvez posséder tous les deux le même tempérament, le même élément ou le même type planétaire ou bien leurs compléments qui sont mentionnés aux chapitres correspondants.

TEMPÉRAMENTS (CHAPITRE 1)

Bilieux ☐ Nerveux ☐ Sanguin ☐ Lymphatique ☐

ÉLÉMENTS (CHAPITRE 2)

Feu ☐ Air ☐ Terre ☐ Eau ☐

TYPES PLANÉTAIRES (CHAPITRE 3)

Saturnien	☐	Jupitérien	☐	Lunarien	☐
Marsien	☐	Solarien	☐	Mercurien	☐
Vénusien	☐				

Pour éviter des conflits, l'un de vous deux doit avoir le pouce ou l'index de longueur moyenne. Sinon, votre partenaire doit avoir le contraire de vous, soit un pouce court si votre pouce est long ou un index long si votre index est court, par exemple.

POUCE (CHAPITRE 2)

long ☐ moyen ☐ court ☐

INDEX (CHAPITRE 2)

long ☐ moyen ☐ court ☐

Vous avez appris des trucs pour reconnaître et trouver votre partenaire idéal et ainsi améliorer votre vie sentimentale. Vous serez, certes, plus sélectif, mais ces connaissances vous éviteront de mauvaises expériences.

Il existe des personnes avec qui vous ne pourrez jamais vivre en harmonie. Grâce à l'étude de vos mains, vous saurez dès le départ qui est vraiment cet autre avec qui vous avez le goût de vous engager. Vous pourrez éviter une peine de cœur en rompant un lien avec une personne incompatible avant que la chimie ne vous fasse perdre la raison. De la même façon, vous déciderez peut-être de prolonger une relation avec une personne que vous jugez moins séduisante parce que vous découvrirez dans sa main plusieurs affinités avec vous.

En amour, les gens sont souvent mal assortis. En effet, la plupart des problèmes dans un couple sont reliés à une incompatibilité soit intellectuelle, sexuelle, spirituelle... Il faut donc rechercher une similarité de base et une complémentarité. Les partenaires trop pareils s'ennuient ensemble et trop de similarités empêchent la croissance, l'évolution. Toutefois, les partenaires trop différents développent avec le temps de la rancœur l'un envers l'autre. Les pôles opposés s'attirent, mais ça tire... Je crois donc que l'on peut s'entendre avec son complément, mais non son contraire. Par exemple, une personne démonstrative peut s'entendre avec une personne réservée. Cependant, une personne exubérante devrait éviter une personne distante et froide, car leur caractère est trop différent.

La meilleure association est par conséquent celle où vous êtes avec quelqu'un qui vous ressemble, avec juste assez de différences pour que cela demeure intéressant. Vous vous rejoignez alors dans vos ressemblances et vous croissez dans vos différences qu'il faut reconnaître et accepter. Malheureusement, nous sommes souvent attirés par les êtres qui semblent posséder les qualités qui nous manquent, mais cela engendre à la longue des relations plutôt difficiles. Comme vous le savez, l'amour rend aveugle, mais le mariage donne la vue. La rencontre des opposés peut provoquer des conflits si les deux parties en présence sont incapables de faire un certain nombre de concessions.

Vous devriez choisir votre partenaire selon la loi des similitudes, avec des champs d'intérêt et un caractère semblables. Les personnes qui ont des mains similaires ont un caractère compatible. L'étude de la personnalité d'après les caractéristiques de vos mains, de vos doigts et de vos lignes est donc essentielle. Tous ces éléments doivent être examinés, dans vos deux mains, pour connaître votre degré de compatibilité. Vous devez aussi tenir compte de votre tempérament, de votre élément et de votre type planétaire.

La forme de votre main est la base de votre caractère et si vos mains sont semblables à celles de votre partenaire, vous partagez les mêmes dispositions. Une ligne de Cœur compatible avec la sienne vous permettra de comprendre ce qu'il ressent. Si vous ne vibrez pas de la même façon, vous devez au moins penser de la même manière et ainsi avoir des doigts et une ligne de Tête similaires (chapitre 5). Votre mont de Vénus et votre mont de la Lune (chapitre 3) vous renseigneront sur vos besoins sexuels.

CHAPITRE 7

Lignes d'union

Les lignes d'union sont de petites lignes horizontales situées sur le tranchant de votre main, entre votre ligne de Cœur et la base de votre auriculaire (figure 70).

Fig. 70

Il est rare que l'on possède qu'une seule ligne d'union de nos jours. Refermez un peu votre poing pour les faire apparaître. Vous devez comparer vos deux mains, mais regardez surtout dans votre main active.

1. Longueur et profondeur des lignes d'union

La longueur et la profondeur de vos lignes d'union se rapportent à la profondeur de l'amour que vous éprouvez pour une personne.

Bien entendu, vous n'êtes pas obligé d'avoir des relations sexuelles avec l'être aimé ou d'être marié pour posséder une ligne d'union. En effet, un contrat écrit n'est pas une garantie que l'amour est au rendez-vous. D'ailleurs, on peut aimer sans être marié ou sans cohabiter, n'est-ce pas ? Par exemple, vous pouvez être marié pendant 10 ans à une personne et cette ligne sera faiblement tracée, si vous ne l'avez pas vraiment aimée. Par contre, vous pouvez ressentir une passion forte pour une personne pendant plusieurs mois seulement, sans même partager son quotidien, et cette ligne d'union sera plus marquée que la précédente. Malheureusement, le fait de posséder une ligne d'union n'indique pas nécessairement que vos sentiments sont partagés par l'être aimé.

La longueur et la profondeur d'une ligne peuvent aussi varier au fil des ans, selon l'évolution de la relation amoureuse. Plus une ligne d'union est longue et profonde, plus le lien avec cette personne est fort. Toutefois, une ligne trop longue qui dépasse le milieu de votre auriculaire (figure 70) montre de l'obsession pour l'être aimé.

2. Nombre de lignes d'union

Le nombre de lignes sur le tranchant de votre main peut indiquer le nombre de personnes pour lesquelles vous éprouverez de l'affection, mais pas nécessairement celles que vous épouserez ou avec qui vous cohabiterez. Seules les lignes d'union nettement tracées, sans croix, barre ou coupure, présagent une relation stable. Une seule ligne d'union profonde bien marquée (figure 22) annonce que vous vivrez un seul grand amour.

À l'opposé, si vous ne possédez aucune ligne d'union profonde, cela signifie que vous pensez plus à vous-même qu'à une vie de couple. Si c'est le cas de votre partenaire, c'est mauvais signe, car vous passerez dans sa vie sans le marquer, vous, pas plus qu'une autre personne d'ailleurs. En revanche, si une seule ligne droite et profonde apparaît dans sa main, vous êtes peut-être l'amour de sa vie, sauf s'il a déjà aimé une autre personne avant vous.

Plusieurs petites lignes faiblement marquées signifient que vous avez de la difficulté à trouver l'âme sœur, que vous aurez plusieurs attirances, mais pas d'amour réel. Plusieurs lignes d'union peu apparentes indiquent donc peu de chance d'être heureux en amour. Une ligne de Cœur hachurée (figure 3), chaînée (figure 25), coupée ou avec des ramifications descendantes (figure 21.5) confirme une vie sentimentale mouvementée. Une ligne d'union descendant vers votre ligne de Cœur (figure 72.5) annonce aussi des désappointements. La cause pourrait être découverte dans le reste de votre main.

3. Datation et hauteur des lignes d'union

Les âges auxquels ces attirances se produiront se lisent de bas en haut en montant vers l'auriculaire. Une ligne située près de la ligne de Cœur signifie un amour de jeunesse. Une ligne tracée au centre (figure 70) indique une union vers 35 ans. Plus votre ligne d'union est tracée près de votre auriculaire (figure 71.4), plus l'âge auquel elle se rapporte est élevé.

Dans les faits, il est très difficile de trouver l'âge exact, car on ne sait pas réellement quand l'amour a vraiment débuté. Est-ce dès la première rencontre, lors de la cohabitation ou lors du mariage, s'il y a lieu ? L'intuition et l'expérience jouent donc un rôle important quand vient le temps de dater les lignes d'union et les autres lignes aussi d'ailleurs. Cherchez quel lien affectif vous marquera le plus : le premier, le deuxième… ?

La hauteur à laquelle est située votre ligne d'union vous permet surtout de déterminer quel type de relation amoureuse vous désirez le plus. Vous devez simplement trouver dans quel élément est située votre ligne d'union la plus profonde ou la plus longue. À cet effet, divisez la portion comprise entre votre ligne de Cœur et la base de votre auriculaire en quatre parties égales (figure 71). La partie la plus basse correspond à l'élément Terre, la suivante, à l'élément Eau, la troisième, à l'élément Feu, et la dernière, à l'élément Air.

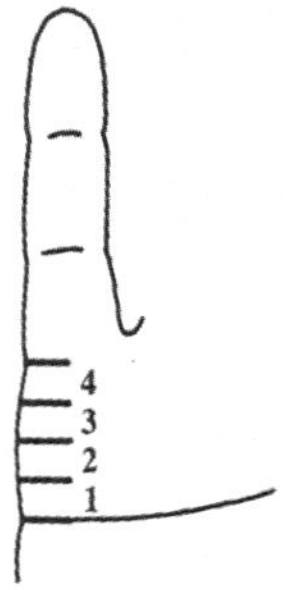

Fig. 71

Si votre ligne d'union la plus importante est tracée dans la zone de l'élément Terre (figure 71.1), vous recherchez avant tout la stabilité et la sécurité dans une relation amoureuse. La vie de famille vous attire aussi.

Une ligne d'union située dans la zone de l'élément Eau (figure 71.2) indique que vous recherchez un amour romantique, le partage des émotions. Une femme rêve au prince charmant et un homme désire une femme qui a besoin de lui. Vous êtes amoureux de l'amour et cela est confirmé si votre ligne de Cœur forme une courbe vers votre index.

Une ligne d'union située dans la zone de l'élément Feu (figure 71.3) indique que vous aspirez à une relation passionnée et excitante. Vous appréciez le plaisir de la chasse et de la conquête. Vous avez besoin de ressentir une chimie, une attirance physique envers votre partenaire. Ce fait est confirmé si votre ligne de Cœur se termine sous votre majeur.

Une ligne d'union située dans la zone de l'élément Air (figure 71.4) indique que vous désirez un partenaire compatible intellectuellement. Vous avez besoin de partager les mêmes champs d'intérêt et vous voulez avant tout une relation stimulante mentalement. Une ligne de Cœur qui est droite, au lieu d'être courbée, confirme ce fait.

Si vous possédez plusieurs lignes d'union de même importance, vous désirez qu'une relation vous comble à plusieurs niveaux. Ainsi, ces espérances irréalistes vous amèneront probablement à connaître plusieurs unions, car vous êtes difficile à contenter. Peut-être aussi que vous ne savez pas réellement ce que vous voulez, ce qui vous pousse à changer de partenaires.

Par contre, si vous n'avez qu'une seule ligne d'union (figure 22), ce qui est rare, vous savez vraiment à quel genre de relation vous aspirez. Vous désirez un type spécifique de partenaire décrit par l'élément où est tracée votre ligne et une fois que vous l'avez trouvé, vous désirez le garder.

4. Signes sur les lignes d'union

La différence entre une séparation et un veuvage est très difficile à détecter, car les signes se ressemblent. Les événements inscrits dans votre main sont ceux qui vous marquent profondément. Si vous considérez la rupture avec votre conjoint ou votre deuil comme une libération, il est probable que cet événement ne s'inscrive pas dans votre main comme un fait malheureux.

Voici les signes que vous remarquerez dans votre main si vous devez vivre une séparation douloureuse d'avec un être aimé, que vous soyez unis par les liens du mariage ou non. Une croix, un îlot (figure 72.1) ou une étoile (figure 72.2) sur une ligne d'union annoncent des tracas affectifs. Il en est de même si l'une de vos lignes d'union est coupée (figure 72.3), fourchue à la fin (figure 72.4 – figure 23) ou si cette ligne descend vers le milieu de votre paume (figure 72.5).

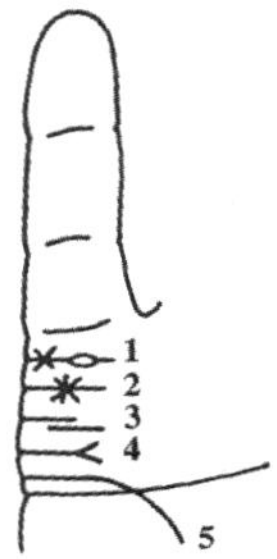

Fig. 72

La présence d'une ligne de chagrin affectif (figure 73.1) tracée horizontalement sur votre mont de Vénus ou d'une ligne horizontale qui coupe votre ligne de Vie (figure 73.2) vient confirmer cette possibilité de vivre une rupture. Une ramification descendante de votre ligne de Cœur qui coupe votre ligne de Destinée (figure 73.3) est un autre indice. La main de la figure 3 contient plusieurs de ces signes.

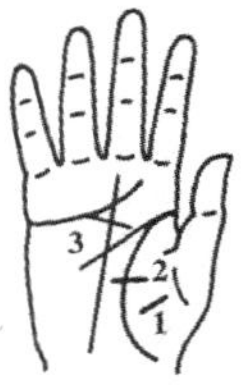

Fig. 73

Toutefois, la présence de ces signes ne veut pas dire que vous ne pouvez pas éviter une séparation indiquée. Il vous suffit d'améliorer votre caractère, de mieux choisir vos partenaires, etc., et vos lignes se transformeront peut-être en conséquence. Je répète que si une rupture ne vous affecte pas outre mesure ou ne vous dérange plus, vous ne retrouverez pas les signes mentionnés.

CHAPITRE 8

Ligne de Destinée ou ligne de Saturne

La ligne de Destinée est tracée verticalement sous le majeur, qui est le doigt de Saturne, d'où son rôle dans la fatalité. Elle témoigne de l'influence du Destin dans la vie d'une personne. Elle est aussi associée à la carrière parce que c'est un aspect important de notre destin.

Plus elle est longue et profonde (figure 84.4), plus votre route est tracée d'avance. Une ligne de Destinée faiblement marquée ou absente vous donne plus de liberté dans le choix d'une profession, mais aussi plus d'efforts à fournir et plus d'instabilité. Quand vous trouvez votre voie ou que vous réussissez bien, votre ligne de Destinée devient plus apparente et plus nette.

Une ligne de Destinée droite (figure 74.3) indique une carrière plus stable. Plusieurs lignes de Destinée (figure 3) indiquent que vous exercez plusieurs activités en même temps ; c'est un signe de polyvalence. La ligne la plus profonde est l'activité que vous considérez comme étant votre occupation principale. Les autres lignes peuvent être des passe-temps ou des activités secondaires qui prendront de l'importance si ces lignes deviennent plus prononcées au fil des ans.

Il est essentiel d'étudier le caractère avant d'interpréter les lignes de la main, surtout la ligne de Destinée. Les gens qui se contentent de moins peuvent avoir une belle ligne de Destinée, même si, à vos yeux, leur vie est un échec. Un prestataire d'aide sociale qui a l'impression de suivre sa voie peut donc avoir une belle ligne de Destinée ; c'est toujours une question de perception personnelle et d'ambition.

Par conséquent, une femme au foyer qui a l'impression de suivre sa vocation pourrait avoir une ligne de Destinée bien tracée, même si elle ne travaille pas. Une femme de carrière pourrait considérer que prendre soin des siens est sa deuxième occupation et elle aurait alors une double ligne de Destinée.

Une ligne d'influence qui part de votre mont de la Lune (figure 74.1) ou de votre mont de Vénus (figure 74.2) et qui se mêle à votre ligne de Destinée dénote l'entrée d'une personne importante dans votre vie à l'âge indiqué sur la ligne.

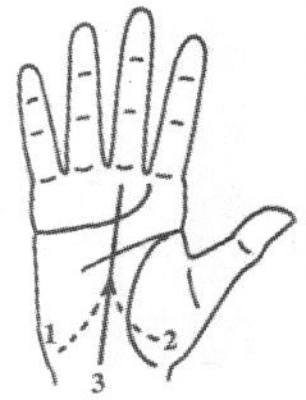

Fig. 74

1. Origine de la ligne de Destinée

À l'âge où cette ligne débute dans la main, on remarque habituellement une plus grande sécurité financière. Plus elle commence bas dans la main (figure 74.3), plus vous savez tôt ce que vous voulez dans la vie. Le milieu de votre paume correspond approximativement à quarante ans sur cette ligne.

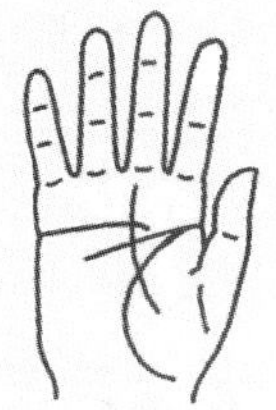
Fig. 75

Partant de la ligne de Vie ou de votre mont de Vénus (figure 75), cela montre que votre famille a influencé votre choix de carrière. Si elle commence près de la ligne de Vie et ne la touche pas (figure 17), vous contrôlez plus votre Destin et vous pouvez également exercer une activité autonome.

Fig. 76

Si votre ligne de Destinée part du mont de la Lune (figure 76), vos relations sociales et le public ont un rôle à jouer dans votre carrière. Si elle part du centre de votre paume, votre carrière est bâtie à partir de vos efforts personnels. Si elle part de votre ligne de Tête, la réussite viendra par de bonnes décisions. Si elle part de votre ligne de Cœur, votre vie amoureuse influencera votre Destin.

2. Terminaison de la ligne de Destinée

Cette ligne se termine habituellement sur le mont de Saturne, sous le majeur. Une ligne de Destinée qui bifurque et se dirige vers le mont du Soleil, sous l'annulaire, est un signe de chance, surtout dans le domaine artistique.

Si elle se termine brutalement dans le creux de votre paume, un événement dramatique influencera votre Destin. Si votre ligne de Destinée s'arrête brusquement à votre ligne de Tête (figure 77), un coup de tête ou un manque de jugement peuvent freiner votre réussite. Si elle s'arrête à votre ligne de Cœur (figure 5), une relation affective peut être la cause d'un échec dans la carrière ou d'un coup du destin.

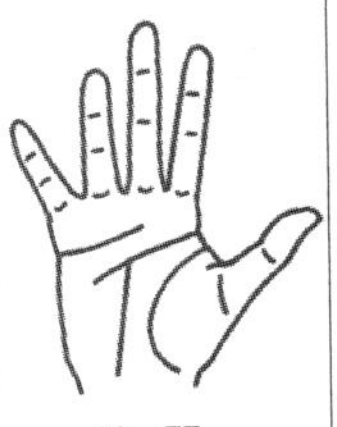

Fig. 77

3. Signes sur la ligne de Destinée

Un bris dans le tracé de la ligne de Destinée annonce un arrêt de travail ou simplement un changement de cap si une autre ligne prend la relève au même âge. L'état de la ligne après la reprise indique si c'est positif ou non. La présence d'un carré sur cette ligne est toujours un signe de protection, surtout sur le plan financier.

Si votre ligne de Destinée est entrecoupée le long de tout son parcours, vous aurez plusieurs changements d'emploi ou d'activité. Un îlot sur la ligne de Destinée (figure 78.1) indique une période d'indécision ou d'insatisfaction sur le plan professionnel. Les ramifications montantes qui partent de la ligne de Destinée indiquent de nouveaux projets, à l'âge où elles sont dessinées.

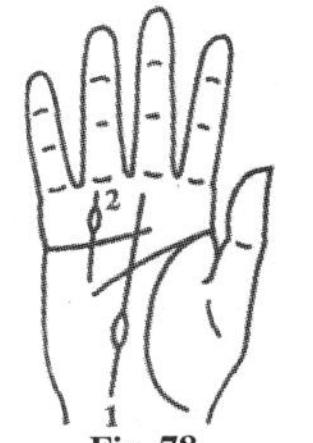

Fig. 78

CHAPITRE 9

Ligne de Chance ou ligne du Soleil

La ligne de Chance est tracée verticalement sous l'annulaire qui est le doigt du Soleil. Elle peut se présenter comme un réseau de ridules sur le mont du Soleil ou comme une ligne plus marquée (figure 78.2). Elle doit être étudiée en parallèle avec votre ligne de Destinée (figure 78.1).

La qualité de cette ligne reflète surtout votre degré de satisfaction intérieure. Elle est la ligne du talent et du bonheur ; c'est pourquoi on l'appelle la ligne de Chance et de célébrité. Elle est rarement nette et longue et son absence est fréquente. Cela ne signifie pas une vie malchanceuse, mais une vie plus ordinaire.

Cette ligne peut se transformer avec le temps si vous faites des efforts conscients pour améliorer votre vie. Si elle est plus prononcée dans votre main active, cela signifie que ces efforts portent des fruits et vous amènent de la reconnaissance et de la satisfaction. Plus cette ligne est longue, nette et profonde, plus ses effets sont importants. Si elle est seulement marquée au-dessus de votre ligne de Cœur, elle aura peu d'effets bénéfiques dans votre vie, surtout si elle est faiblement tracée. Cependant, elle peut indiquer une retraite heureuse.

À l'âge où elle débute, on ressent habituellement plus de satisfaction dans sa vie. Elle commence rarement plus bas que le milieu de la paume qui équivaut à quarante ans (figure 22), car il est rare que le succès arrive tôt dans la vie. Si votre ligne de Soleil est double ou triple (figure 23), la chance peut provenir de deux sources différentes. Si la ligne du Soleil ou l'une de ses ramifications se dirige vers le mont de Mercure, le succès viendra d'activités commerciales ou scientifiques.

Attention, cette ligne peut aussi apparaître dans la main de criminels notoires qui recherchent la célébrité. L'étude des autres signes dans la main permet d'évaluer son influence. Par exemple, la présence d'un îlot (figure 78.2) sur cette ligne peut indiquer un scandale.

Le succès indiqué par cette ligne est donc relatif, car la perception du bonheur est très différente d'une personne à l'autre. Par exemple, les perfectionnistes jamais satisfaits de leur réussite n'auront pas de ligne du Soleil, même s'ils sont célèbres ou riches. Les gens dénués d'ambition peuvent en posséder une, car ils se contentent de moins ; c'est dans la tête que cela se passe.

Par exemple, un indigène peut être le grand chef de son peuple et se sentir important au point que l'on remarquera la présence d'une belle ligne du Soleil dans sa main. Une personne peut se sentir riche avec un salaire de 40 000 $ tandis qu'une autre aura besoin de 100 000 $.

La satisfaction reflétée par cette ligne peut provenir de différentes sources :

- du milieu familial : la ligne du Soleil partant du mont de Vénus (figure 3) ;
- des contacts avec le public, comme pour les artistes : la ligne du Soleil partant du mont de la Lune ;
- de vos talents personnels, comme pour les hommes d'affaires : la ligne du Soleil partant du centre de la paume (figure 82.12).

Pour savoir si vous avez la possibilité d'hériter, de gagner à la loterie, d'être célèbre ou de faire un mariage riche, il vous faut trouver plusieurs signes dans votre main active, parmi la liste de ceux qui sont mentionnés. Un seul signe ne montre qu'une simple possibilité et quelques-uns, une probabilité qui va en augmentant avec le nombre de signes trouvés dans votre main.

Signes d'héritage (figure 79)

- demi-cercles bien tracés à la base du pouce et parallèles à la ligne de Vie (figure 79.1) ;
- petits traits verticaux marqués sur les phalanges de l'index ;
- phalange inférieure du majeur plus longue que les deux autres phalanges de ce doigt ;
- croix, étoile ou triangle au milieu du premier pli du poignet (figure 79.2) ;

- ligne d'influence partant du mont de Vénus et se dirigeant vers le mont de Saturne (figure 79.3) ;
- ligne d'influence partant du mont de Vénus et se mêlant à la ligne du Soleil (figure 79.4) ;
- double ligne de Tête (figure 79.5).

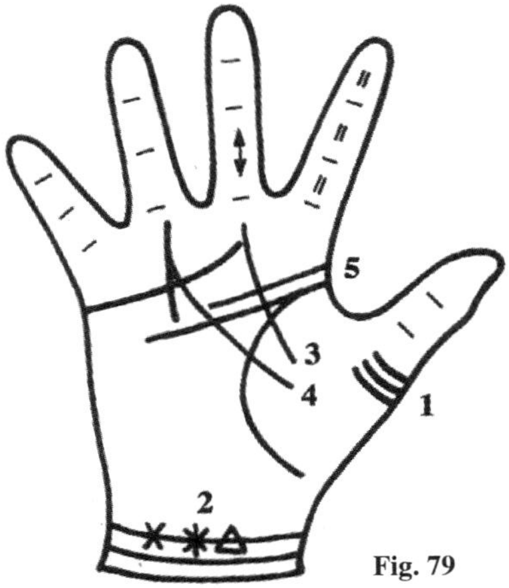

Fig. 79

Signes de chance à la loterie (figure 80)

- annulaire plus long que l'index ;
- triangle dans le bas de la paume, au-dessus du poignet (figure 80.1) ;
- lignes verticales sur le mont de Saturne, le mont de Jupiter ou le mont du Soleil ;
- ramifications montant de la ligne de Vie ou du mont de Vénus vers l'un de ces trois monts (figure 80.2) ;
- présence d'une ligne de Mercure (figure 80.3) ;
- ligne de Destinée perpendiculaire à la ligne de Tête (figure 80.4) ;
- présence d'une ligne du Soleil bien marquée (figure 80.5).

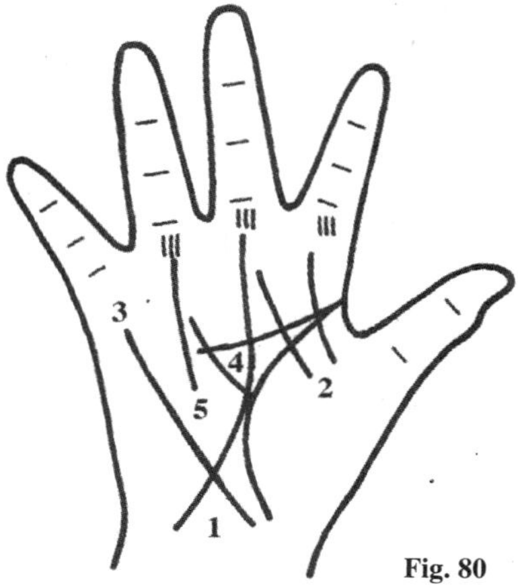

Fig. 80

Signes de célébrité (figure 81)

- pouce long et large ;
- étoile sur le mont de Jupiter (figure 81.1) ;
- petits traits verticaux, étoile ou trident sur le mont du Soleil (figure 81.2) ;
- mont de Jupiter (figure 81.1), mont de Mercure (figure 81.3) ou mont du Soleil (figure 81.2) très élevés ;
- ligne de Cœur avec des ramifications sur le mont de Jupiter (figure 81.4) ;
- ligne de Destinée se terminant vers le mont de Jupiter ou le mont du Soleil (figure 81.5) ;
- ligne de Mercure, ligne du Soleil et ligne de Destinée longues et apparentes (figure 81.6).

Signes d'un mariage riche (figure 82)

- triangle sur le mont de Vénus (figure 82.1) ;
- anneau de Vénus finissant sur le mont de Mercure (figure 80.2) ou sur le mont du Soleil (figure 82.3) ;
- étoile ou croix sur le mont de Jupiter (figure 82.4) ;
- ligne d'influence partant du mont de Vénus et se mêlant à la ligne du Soleil (figure 82.5) ;
- ligne de Cœur se terminant sur le mont de Jupiter (figure 82.6) ;

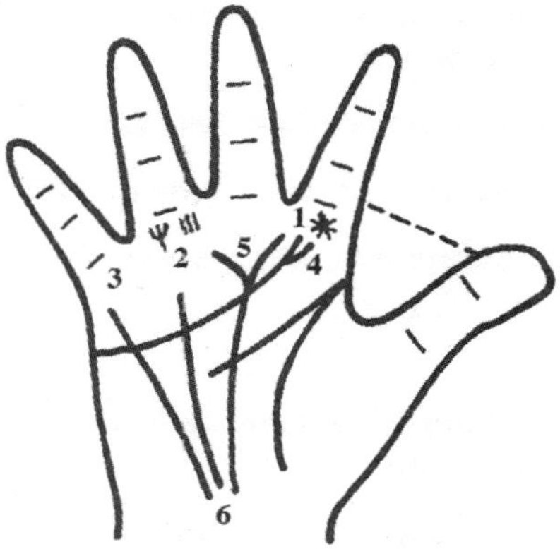

Fig. 81

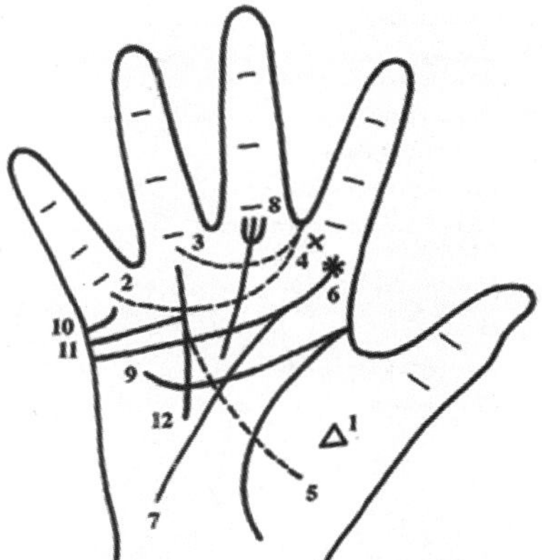

Fig. 82

- ligne de Destinée se mêlant à la ligne de Cœur, surtout si elle part du mont de la Lune (figure 82.7) ;
- ligne de Destinée se terminant par un trident (figure 82.8) ;
- ligne de Tête montant vers le mont de Mercure (figure 82.9) ;
- ligne d'union montant sur le mont de Mercure (figure 82.10) ;
- ligne d'union touchant la ligne du Soleil (figure 82.11) ;
- présence d'une ligne du Soleil bien marquée (figure 82.12).

CHAPITRE 10

Lignes secondaires diverses

Dans ce chapitre, nous étudierons la ligne de Mercure, l'anneau de Vénus et l'anneau de Neptune. Ces lignes secondaires sont souvent absentes de la main.

1. Ligne de Mercure

La ligne de Mercure se dirige vers l'auriculaire, qui est le doigt de Mercure. La présence de cette ligne dénote un système nerveux fragile parce que vous êtes hypersensible. Vous avez aussi de la facilité à communiquer, même sur les plans invisibles. Si votre ligne de Mercure est droite et bien tracée (figure 83.1), votre intuition est fiable et cela peut vous donner du flair en affaires ou des éclairs de génie.

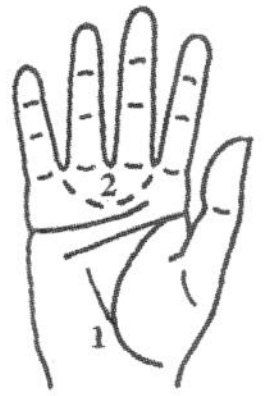

Fig. 83

Pour la santé, il est préférable de n'avoir aucune ligne de Mercure. Si vous en possédez une, elle devrait être nette et bien tracée, sans aucun signe ni aucune coupure, et ne pas toucher votre ligne de Vie. L'endroit où elle croise la ligne de Vie (figure 20.3) indique une période de santé délicate. Si elle est défectueuse (figure 84.1), votre santé est fragile, surtout sur le plan de votre système digestif. Cependant, la présence de cette ligne vous pousse à être à l'écoute de votre corps. Vous prenez donc probablement soin de votre santé, même si vous dépensez beaucoup d'énergie mentale.

Si votre ligne de Mercure est courbée en demi-arc, c'est un signe de voyance. Vous avez négligé ce don si elle est absente ou moins bien marquée dans votre main active.

2. Anneau de Vénus

L'anneau de Vénus (figure 83.2) est un demi-cercle faiblement tracé à la base du majeur et de l'annulaire et il est généralement composé de lignes entrecoupées (figure 84.2). Il est préférable qu'il soit courbé (figure 23) plutôt que tracé en ligne droite et qu'il soit situé à mi-chemin entre la ligne de Cœur et la base des doigts.

Cet anneau est peu fréquent dans les mains et il appartient à l'élément Eau, correspondant à l'émotion et à l'imagination. Il ressemble à une deuxième ligne de Cœur et il vous procure une forte imagination et de l'hypersensibilité. Toutefois, cette ligne étant plutôt hachurée, l'anneau de Vénus indique une imagination assez vague.

Signe d'hypersensibilité, il donne de l'empathie envers les autres. Il active aussi les tendances qui se dégagent de

Fig. 84

l'ensemble de la main. Il est positif dans la main d'un artiste, car il apporte un certain sens de l'esthétique, une appréciation des belles choses de la vie telles la musique, la nature... Cependant, dans une main grossière, il peut intensifier les vices. Il agit alors comme un stimulant mental plutôt que comme source d'inspiration et son porteur ressent un besoin d'excitations nouvelles.

La présence de cet anneau dans votre main fait de vous un idéaliste qui est porté vers la fantaisie et vous ne devez pas prendre ce royaume fantaisiste pour des émotions sincères. Vous vivez le plus souvent dans un monde d'illusions et vous ne voyez pas les faits tels qu'ils sont. Vous avez donc des attentes irréalistes envers vos proches et vous cherchez l'âme sœur. Vous voyez vos relations avec les autres à travers des lunettes roses. Ainsi, vous pouvez trouver difficile de faire la différence entre vos émotions réelles quant à une personne et vos émotions idéalistes. Cette attitude peut vous causer un conflit intérieur.

Vous êtes donc porté à voir les choses et les êtres de la manière que vous voudriez qu'ils soient, plutôt que comme ils sont réellement. Cette approche vous cause du désappointement quand les autres ne satisfont pas vos critères. Étant porté à trop idéaliser votre partenaire comme un être parfait, le désillusionnement et le chagrin sont habituellement le résultat de cette autotromperie et de ce refus de voir les choses comme elles sont. Non seulement vous vous créez des illusions au sujet du monde autour de vous, mais vous vous créez des illusions aussi sur ce que vous êtes vous-même. Vous vous fabriquez un personnage extérieur que vous présentez au monde et qui peut bien être très différent de votre vraie nature indiquée par votre ligne de Cœur.

Ces illusions sont encore plus fortes si vous possédez une ligne de Cœur doublée sur une partie de son parcours ou si votre anneau de Vénus traverse votre ligne de Cœur en se dirigeant de l'autre côté de votre main (figure 85). Vous croyez réellement que vous projetez la vraie impression de vous-même, que vous êtes vraiment comme cela. Comme stratégie pour ne pas vous impliquer, vous pouvez convaincre les autres que vous êtes ouvertement en relation avec eux, mais vous gardez toujours une partie de vous-même en réserve. Ce que l'on voit de vous n'est certainement pas ce qui est. Vous portez un masque et vous croyez que c'est la vérité.

Fig. 85

La présence d'un anneau de Vénus montre de la surexcitation mentale. Si votre anneau de Vénus part de la région sous l'auriculaire ou de l'espace entre l'auriculaire et l'annulaire et qu'il fait un angle brusque en descendant pour traverser votre ligne de Cœur (figure 86), il apporte encore plus d'imagination et de fantaisies dans le domaine sexuel grâce à sa forme droite. Vous mettez certainement de la variété et de la créativité dans votre vie sexuelle. Vous pouvez aussi aimer la pornographie, car cette formation vous donne des tendances au voyeurisme. Cependant, votre mental peut contrôler votre imagination si vous possédez une ligne de Tête tracée en ligne droite.

Fig. 86

Attention, on retrouve souvent un anneau de Vénus dans les mains des religieux et des personnes qui sont en relation avec les autres non pas d'une manière sexuelle, mais sur une base platonique ou idéaliste. En effet, les porteurs de cet anneau sont capables de sublimer leur sexualité.

3. Ligne de Neptune

Vous avez une sensibilité au-dessus de la moyenne si vous possédez dans votre main un anneau de Neptune (figure 84.3), soit un demi-cercle tracé à la base de votre paume qui relie votre mont de la Lune à votre mont de Vénus (figure 87.1) ou qui part de votre mont de la Lune et qui descend vers votre poignet (figure 87.2).

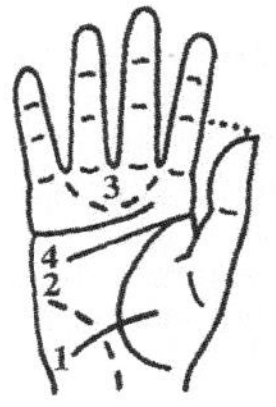

Fig. 87

Malheureusement, cette hypersensibilité peut vous pousser à fuir les réalités de la vie en recherchant les excitations fortes. De ce fait, vous pouvez être attiré par la drogue ou l'alcool ou faire des excès dans la nourriture ou dans le sexe. Par contre, certaines personnes s'investissent plutôt dans la spiritualité ou l'ésotérisme.

Votre système immunitaire réagit fortement et ainsi vous pouvez développer des allergies. Cette formation peut aussi dénoter la présence de désordres émotionnels, surtout si vous avez en plus un anneau de Vénus (figure 87.3). Une ligne de Tête nette et assez longue (figure 87.4) ou un pouce long (figure 87) vous aide à contrôler ce besoin d'évasion.

CONCLUSION

Comme les scientifiques, je ne peux imaginer un monde dans lequel les événements arrivent sans raison. Je crois que le hasard n'existe pas et que nos actions présentes déterminent notre futur. Il est donc possible de ne plus subir les coups du sort et de devenir maître de sa Destinée en étudiant sa main. En effet, vos gènes transportent en vous des prédispositions et non un Destin implacable.

Dans ce livre, j'ai décrit les signes les plus importants que l'on peut retrouver dans la main, mais on peut aller plus en profondeur. Une consultation peut vous rendre service si vous êtes dans le brouillard ou si vous ne vous sentez pas à votre place. Ainsi, vous pourrez faire le point dans votre vie, savoir si vous allez dans la mauvaise direction, prendre de meilleures décisions ou choisir un partenaire compatible. L'étude de la main vous permet également de trouver vos talents.

Une analyse chirologique est en quelque sorte une radiographie de votre corps, de votre cœur et de votre esprit. Dans un cours, vous apprenez à mettre en relation toutes les informations fournies par les doigts, les monts et les lignes. Ce sont des étapes nécessaires pour arriver à un résultat précis.

La numérologie peut aussi vous guider. Vous connaîtrez votre plan de vie, votre mission et vos vocations dans mon livre *Le message caché de votre date de naissance.* Vous découvrirez vos cycles chanceux et vos prévisions annuelles et mensuelles dans mon livre *Les prévisions de vos cycles personnels.*

Si vous désirez me faire part de vos commentaires, suivre des cours, faire analyser vos lignes de la main ou votre thème numérologique, voici mes coordonnées :

Claire Savard

Téléphone : 418 872-0730

Courriel : clairesavard@hotmail.com

Site Internet : www.rencontrevoyance.cjb.net/

BIBLIOGRAPHIE

ALTMAN, Nathaniel. *Discover Palmistry*, Londres, 1991.

ALTMAN, Nathaniel. *Les lignes de la main*, Flammarion, 1987.

ALTMAN, Nathaniel. *Palmistry for Lovers* (réimpression de Sexual Palmistry), Thorsons, 1995.

ALTMAN, Nathaniel. *Sexual Palmistry*, Grande-Bretagne, 1986.

ALTMAN, Nathaniel. *The Book of Palmistry*, New York, 1999.

BANERJI, S. *Palmistry, Sex & Marriage*, New Delhi, 1962.

BENHAM, William G. *How to Choose Vocations from the Hand*, New Delhi, 1983.

BENHAM, William G. *The Benham Book of Palmistry*, États-Unis, 2006.

BENHAM, William G. *The Laws of Scientific Hand Reading*, Hawthorn Books Inc., New York, 1974.

BUTLER, René. *Les lignes de la main en s'amusant*, Denoël, 1973.

CAMPBELL, Edward D. *The Encyclopedia of Palmistry*, The Berkley Publishing Group, 1996.

CHEIRO. *Ce que disent les mains*, Stock, 1970.

CHEIRO. *Guide to the Hand*, Classic Paperbacks.

CHEIRO. *Palmistry for All*, Arc Books Inc., N.J., 1969.

CHEIRO. *You and your Hand*, Doubleday, Doran & Company, New York, 1931.

CHEKERIAN, Grégoire. *Lire les lignes de la main*, Solar, 1979.

DE BONY, Jean, et Stéphanie LECLAIR. *Voyage au creux de la main : initiation à la chirologie*, Robert Laffont, 1986.

DESBARROLLES, Adolphe. *Les mystères de la main*, Garnier Frères, Paris, 1959.

DE ST-GERMAIN, Comte C. *The Practice Of Palmistry*, États-Unis, 1973.

DUKES, Shifu Terence Dukes. *Chinese Hand Analysis*, Samuel Weiser, 1987.

FINCHAM, Johnny. *Palmistry, from Apprentice to Pro in Twenty-four hours*, 2007.

FINCHAM, Johnny. *The Spellbinding Power of Palmistry.*

FITZHERBERT, Andrew. *Cette main qui en dit long*, M. A., 1989.

FITZHERBERT, Andrew. *Hand Psychology*, Avery Publishing Group Inc., 1989.

FRITH, Henry. *Palmistry Secrets Revealed*, États-Unis, 1975.

FRITH, Henry. *Practical Palmistry*, New Delhi, 1969.

FRITH, Henry, et E. H. ALLEN. *Chiromancy or The Science of Palmistry*, New Delhi, 1974.

GETTINGS, Fred. *Palmistry Made Easy*, Californie, 1975.

HIRSCH, Jenny. *The Craft of Hand Reading*, Afrique du Sud.

HIRSCH, Jenny. *Traits of Being A to Z*, Afrique du Sud.

HOLTZMAN, Arnold. *The Illustred Textbook of Psychodiagnostic Chirology in Analysis and Therapy*, The Greenwood-Chase Press, Toronto, 2004.

JAEGERS, Beverly C. *Beyond Palmistry*, Berkley Books, New York, 1992.

JAQUIN, Noel. *Man's Revealing Hand*, Londres, 1934.

JAQUIN, Noel. *Scientific Palmistry*, Sagar Publications, New Delhi, 1967.

JAQUIN, Noel. *The Hand Speaks – Your Health, your Sex, your Life*, New Delhi, 1973.

MANNING, John T. *The Finger Book*, Londres, 2008.

MUCHERY, Georges. *L'adultère : le bonheur conjugal dévoilé à tous par les mains*, du Chariot, Paris, 1983.

MUCHERY, Georges. *La mort, les maladies, l'intelligence, l'hérédité*, du Chariot, Paris, 1959.

MUCHERY, Georges. *Traité complet de chiromancie déductive et expérimentale*, du Chariot, Paris, 1973.

SAVARD, Claire. *À la recherche du partenaire idéal par la chirologie et la numérologie*, de Mortagne, 1998.

SAVARD, Claire. *Les mains simplifiées*, Quebecor, 1992.

SCHEIMANN, Eugène, et Nathaniel ALTMAN. *Medical Palmistry : A Doctor's Guide to Better Health Through Hand Analysis*, Angleterre, 1989.

SEN, K.C. *Hast Samudrika Shastra, The Science of Hand Reading Simplified*, Inde, 1960.

SPIER, Julius. *The Hands of Children*, Sagar Publications, New Delhi, 1973.

STEINBACH, Marten. *Medical Palmistry*, University Books Inc., 1975.

ST. HILL, Katharine. *Medical Palmistry*, Rider & Co., Londres.

WARREN-DAVIS, Dylan. *The Hand Reveals*, Grande-Bretagne, 1993.

WOLFF, Charlotte. *The Hand in Psychological Diagnosis*, Sagar Publications, New Delhi, 1972.

MARQUIS

Québec, Canada

RECYCLÉ
Papier fait à partir de matériaux recyclés
FSC® C103567
FSC www.fsc.org

Imprimé sur du papier Enviro 100% postconsommation traité sans chlore, accrédité ÉcoLogo et fait à partir de biogaz.

100%

PERMANENT

BIO GAZ ÉNERGIE